主　　编　孙晓勇　国家法官学院院长
　　　　　　　　　　最高人民法院司法案例研究院院长
副 主 编　胡田野　国家法官学院副院长
　　　　　　刘　畅　最高人民法院司法案例研究院规划部主任
主编助理　赵文轩　最高人民法院司法案例研究院规划部编辑
　　　　　　刘丽媛　最高人民法院司法案例研究院规划部编辑

《中国法院年度案例》编辑人员（按姓氏笔画）
王　锐　刘　畅　朱建伟　朱　琳　吴光荣　李晓果
李　谦　杨小利　胡　岩　赵文轩　唐世银　徐一楠
贾　倖　曹海荣　梁　欣　程诗翰　程　瑛

本书编审人员　梁　欣

中国法院2022年度案例

国家法官学院　最高人民法院司法案例研究院 / 编

刑事案例一

（犯罪、刑罚的具体运用、刑事证据、程序）

中国法制出版社
CHINA LEGAL PUBLISHING HOUSE

《中国法院2022年度案例》通讯编辑名单

凌　巍　北京市高级人民法院
刘晓虹　北京市高级人民法院
董　扬　天津市高级人民法院
王　佳　河北省高级人民法院
刘冬梅　山西省高级人民法院
杨智勇　内蒙古自治区高级人民法院
周文政　辽宁省高级人民法院
张功岩　吉林省高级人民法院
孙学诗　黑龙江省高级人民法院
牛晨光　上海市高级人民法院
戴鲁霖　江苏省高级人民法院
缪　芳　江苏省高级人民法院
符东杰　江苏省南通市中级人民法院
周耀明　江苏省无锡市中级人民法院
杨　治　浙江省高级人民法院
蒋　莹　浙江省高级人民法院
吴　婧　安徽省高级人民法院
林文君　福建省高级人民法院
章光园　江西省高级人民法院
王露爽　山东省高级人民法院
郭宇凌　河南省高级人民法院
宋淼军　湖北省高级人民法院
杨晓彤　湖北省宜昌市中级人民法院
唐　竞　湖南省高级人民法院
谢佩宏　广东省高级人民法院
邹尚忠　广西壮族自治区高级人民法院
韦丹萍　广西壮族自治区高级人民法院
李周伟　海南省高级人民法院
谭中平　重庆市高级人民法院
任　梦　四川省高级人民法院
李丽玲　云南省高级人民法院
石　瑾　云南省昆明市中级人民法院
龙　媛　贵州省高级人民法院
施辉法　贵州省贵阳市中级人民法院
王丽萍　西藏自治区高级人民法院
郑亚非　陕西省高级人民法院
吴　莹　甘肃省高级人民法院
央　措　青海省高级人民法院
康　莹　宁夏回族自治区高级人民法院
马小菊　新疆维吾尔自治区高级人民法院
王　琼　新疆维吾尔自治区高级人民法院生产建设兵团分院

序

党的十八大以来，以习近平同志为核心的党中央高度重视法治在推进国家治理体系和治理能力现代化中的重要作用，党的十九届六中全会通过的《中共中央关于党的百年奋斗重大成就和历史经验的决议》指出，必须坚持中国特色社会主义法治道路，贯彻中国特色社会主义法治理论，坚持依法治国、依法执政、依法行政共同推进，坚持法治国家、法治政府、法治社会一体建设，全面增强全社会尊法学法守法用法意识和能力。人民法院始终坚持以习近平法治思想为指导，把加强司法案例研究作为推进全面依法治国的重要途径，通过发布具有普遍指导意义的典型案例，统一法律适用、提高审判质效，提升司法公信力，努力让人民群众在每一个司法案件中感受到公平正义。《中国法院年度案例》丛书，旨在总结提炼典型案例的裁判规则和裁判方法，发挥司法规范、指导、评价、引领的重要作用，大力弘扬社会主义核心价值观，增强全民法治意识和法治素养，展现新时代我国法治建设新成就。

《中国法院年度案例》丛书自 2012 年编辑出版以来，已连续出版 11 年，受到读者广泛好评。近年来，为更加全面地反映我国司法审判执行工作的发展进程，顺应审判执行实践需要，响应读者需求，丛书 2014 年度新增金融纠纷、行政纠纷、刑事案例 3 个分册，2015 年度将刑事案例调整为刑法总则案例、刑法分则案例 2 个分册，2016 年度新增知识产权纠纷分册，2017 年度新增执行案例分册，2018 年度将刑事案例扩充为 4 个分册。自 2020 年起，丛书由国家法官学院与最高人民法院司法案例研究院共同编辑，每年年初定期出版。在全国各级人民法院的大力支持下，丛书编委会现编辑出版《中国法院 2022 年度案例》系列丛书，共 23 册。为助力实施环境资源审判专门化的司法政策，推进生态文明建设与绿色发展，自今年起，丛书将土地纠纷（含林地纠纷）分册改为土地纠纷（含环境资源纠纷）分册。

《中国法院年度案例》丛书以开放务实的态度、简洁明快的风格，在编辑中坚持以下方法，努力把案例书籍变得“好读有用”：一是高度提炼案例内容，控制案例篇幅，每个案例基本在 3000 字以内；二是突出争议焦点，剔除无效信息，尽可能在有限的篇幅内为读者提供有效、有益的信息；三是注重对裁判文书的再加工，大多数案例由案件的主审法官撰写“法官后语”，高度提炼、总结案例的指导价值，力求引发读者思考，为司法工作提供借鉴，为法学研究提供启迪。

《中国法院年度案例》丛书编辑工作坚持以下原则：一是广泛选编案例。国家法官学院和最高人民法院司法案例研究院每年通过各高级人民法院从全国各地法院汇集上一年度审结的典型案例近万件，使该丛书有广泛的精选基础，优中选优，可提供给读者新近发生的全国各地多种类型的典型性案例。二是方便读者检索。为体现以读者为本的宗旨，丛书分卷细化，每卷下还将案例主要根据案由分类编排，每个案例用一句话概括裁判规则、裁判思路或焦点问题作为主标题，让读者一目了然，迅速找到目标案例。

中国法制出版社始终全力支持《中国法院年度案例》丛书的出版，给了作者和编辑们巨大的鼓励。2022 年，丛书将继续提供数据库增值服务。购买本书，扫描前勒口二维码，即可在本年度免费查阅往年同类案例数据库。我们在此谨表谢忱，并希望通过共同努力，逐步完善，做得更好，真正探索出一条编辑案例书籍、挖掘案例价值的新路，更好地服务社会主义法治国家建设、服务法治社会建设、服务学习研究法律的读者。

《中国法院年度案例》丛书既是法官、检察官、律师等法律工作者的办案参考和司法人员培训的实用教材，也是社会大众学法用法的经典案例读本，同时是教学科研机构案例研究的良好系列素材。当然，案例作者和编辑在编写过程中也难以一步到位实现最初的编写愿望，客观上会存在各种不足甚至错误，欢迎读者批评指正。我们愿听取各方建议，不断扩宽深化司法案例研究领域，立足新发展阶段，实现中国特色司法案例研究事业的高质量发展。

国家法官学院

最高人民法院司法案例研究院

2022 年 1 月

目　录

Contents

一、犯　罪

（一）犯罪和刑事责任

二、刑罚的具体运用

（一）量 刑

（二）自首和立功

（三）数罪并罚

（四）减 刑

三、刑事证据

四、程　序

附录：

一、犯 罪

（一）犯罪和刑事责任

1

尚未完全丧失辨认或者控制行为能力的精神病人应当负刑事责任

——蔡某娥故意杀人案

【案件基本信息】

1. 裁判书字号

广西壮族自治区柳州市鱼峰区人民法院（2020）桂0203刑初140号刑事判决书

2. 案由：故意杀人罪

【基本案情】

2019年9月24日凌晨，在某村某屯85号二楼，被告人蔡某娥因精神分裂症发作，用一把剪刀捅向其女儿蔡某熙（殁年3岁）腹部，发现其尚有生命特征后，用双手掐住蔡某熙脖子直至确认蔡某熙已无呼吸后松手，被害人蔡某熙因口鼻部及颈部受外力作用导致机械性窒息死亡，腹部被单刃尖刀刺伤致左肾脏破裂出血为其辅助死因。当日8时许，蔡某娥主动报案并在家中等候公安机关处理。

经某司法鉴定所法医精神病鉴定：（1）蔡某娥医学诊断为精神分裂症；（2）蔡某娥对本案具有限定刑事责任能力；（3）蔡某娥目前有受审能力；（4）蔡某娥案发时具有部分性防卫能力。另经某市公安局物证鉴定所物证检验，蔡某熙的心腔血液中未检出敌敌畏、对硫磷和毒鼠强成分。

【案件焦点】

有精神病的被告人实施故意杀人行为且造成被害人死亡结果的，是否需要承担刑事责任，以及承担多大的刑事责任。

【法院裁判要旨】

广西壮族自治区柳州市鱼峰区人民法院经审理认为：蔡某娥故意杀害他人，致一人死亡，其行为已触犯了《中华人民共和国刑法》第二百三十二条，构成故意杀人罪。公诉机关指控蔡某娥犯故意杀人罪成立。蔡某娥在案发后主动报警，报警后在现场等候，归案后又如实供述自己的主要犯罪事实，是自首，依法可以从轻或者减轻处罚。蔡某娥系限定刑事责任能力人，依法可以从轻或者减轻处罚。关于蔡某娥及其辩护人辩称蔡某娥不具有杀人故意，其发病时完全丧失意识，不具有刑事责任能力，故不构成故意杀人罪的辩护意见，法院认为蔡某娥患有精神分裂症，案发时发病，因为受不了女儿的重复话语进而持剪刀插其女儿肚子，后又实施掐脖子等一系列行为，甚至将作案工具剪刀丢到厕所，还洗澡并主动报警等，均表明其尚未完全失去自我控制能力，故依法应该采信某司法鉴定所的鉴定结论，依法认定蔡某娥具有限定刑事责任能力，在此情形下，其持剪刀杀害其女儿的行为，主观上具有故意杀人的故意，客观上实施了杀害其女儿的行为，构成故意杀人罪，故对被告人及辩护人的辩解不予采纳，对被告人及辩护人关于对蔡某娥重新做精神病鉴定的申请，因无确凿相反证据推翻现有鉴定，不予支持。综上，决定对蔡某娥适用减轻处罚。

广西壮族自治区柳州市鱼峰区人民法院依照《中华人民共和国刑法》第二

百三十二条、第十八条、第六十一条、第六十四条、第六十七条第一款的规定，判决如下：

一、被告人蔡某娥犯故意杀人罪，判处有期徒刑四年。

二、提取在案的作案工具剪刀予以没收。

宣判后，蔡某娥服判息诉，判决已生效。

【法官后语】

本案的争议焦点在于蔡某娥是否实施了故意杀人行为，是否需要承担故意杀人的刑事责任以及如何量刑。

首先，公诉机关认定蔡某娥构成故意杀人罪的主要证据有：一是尸体检验报告单证实蔡某熙符合口鼻部及颈部受外力作用导致机械性窒息死亡，腹部被单刃尖刀刺伤致左肾脏破裂出血为其辅助死因；二是蔡某娥的有罪供述；三是证人蔡甲、陈某云等人的证言；四是物证作案工具。这些证据形成完整的证据链，足以证实蔡某娥实施了故意杀人的行为。

其次，蔡某娥是否需要承担刑事责任则是本案的关键。本案中，经过某司法鉴定所鉴定，蔡某娥医学诊断为精神分裂症发病期，蔡某娥对本案具有限定刑事责任能力，蔡某娥案发时具有部分性防卫能力。根据《中华人民共和国刑法》第十八条的规定，尚未完全丧失辨认或者控制自己行为能力的精神病人犯罪的，应当负刑事责任，但是可以从轻或者减轻处罚。经过鉴定，蔡某娥在本案中系尚未完全丧失辨认或者控制自己行为能力的精神病人，依法应当承担刑事责任。

再次，是否有必要对蔡某娥重新做精神病以及刑事责任能力鉴定。对于患有精神病的行为人的刑事责任能力评定标准是行为人作案时有无辨认、控制自己的能力，如何评定行为人作案时有无辨认、控制自己的能力，要以证据为依据，不能主观臆断。本案中，作案前，蔡某娥描述的场面清晰，表明其因为女儿的吵闹而导致其心情烦躁；作案时，其对作案的过程描述的也很真实，用被子捂，用剪刀捅，目的是放任杀害他人结果的发生；作案后，还选择了洗手、洗澡，被抓获后如实供述了作案的全过程。蔡某娥对做了什么、为什么要做、捅了被害人什么部位都说得清楚，说明其思路是清晰的。可见，作案时蔡某娥尚具有部分辨认、控制自己行为的能力，应该对其行为承担刑事责任。

最后，关于蔡某娥的量刑问题。一是本案中蔡某娥案发后在现场等待，归案后如实供述作案过程的犯罪事实，具有法定的从轻或者减轻处罚的自首情节。二是其属于限制刑事责任能力人，亦是法定的可以从轻或者减轻处罚的情节。三是本案被害人系蔡某娥的未成年女儿，从情感道德角度来说，案情的发生本来就对蔡某娥精神上造成了足够大的打击和摧残，蔡某娥其本身犯罪性质不同于其他故意杀人案件性质，对其可以酌情从轻处罚。综合上述情节，对其量刑为有期徒刑四年，罚当其罪，既能维护法律权威，又能体现宽严相济的刑事政策。

编写人：广西壮族自治区柳州市鱼峰区人民法院　谢剑峰

2

关于主观明知故意的认定

——刘某某、吴某某销售有毒、有害食品案

【案件基本信息】

1. 裁判书字号

广东省深圳市中级人民法院（2019）粤03刑终第1317号刑事附带民事裁定书

2. 案由：销售有毒、有害食品罪

【基本案情】

某商行系个体工商户，被告人刘某某系商行的生产经营负责人，被告人吴某某系采购主管，并与连某某各占商行50%的份额。某商行与某酒店签订供货

协议，向酒店供应包括进口牛仔骨在内的肉类食品。2018 年 5 月 8 日，有不明身份供货商到某商行向吴某某兜售无中文标签、无检验合格证明等相关材料的美国 EXCEL 进口牛仔骨，出于贪图便宜的心理，吴某某经请示刘某某同意后，让对方留下 20 公斤免费试用。2018 年 5 月 9 日，商行送货员按吴某某要求将该批次 20 公斤美国 EXCEL 牛仔骨配送给某酒店（供货价每公斤 108 元，价值共计 2160 元）。其后，该批牛仔骨中有 14.5 公斤的散装切片牛仔骨被酒店制成食品使用，剩余一整袋独立包装的 5.5 公斤牛仔骨于 2018 年 5 月 10 日被某市市场稽查局查获。上述美国 EXCEL 牛仔骨经某计量质量检测研究院抽检、某市出入境检验检疫局食品检验检疫技术中心复检，莱克多巴胺项目超标，判定为不合格。根据 2011 年 4 月 19 日卫生部发布的《食品中可能违法添加的非食用物质和易滥用的食品添加剂名单（第 1-5 批汇总）》，“莱克多巴胺”被明确列为非食用物质。

2018 年 7 月 30 日，某市市场稽查局将该案移交给某市公安局某分局，该局于 8 月 17 日立案侦查。刘某某、吴某某于同日经民警电话传唤到案。另查，2018 年 10 月，某商行向某市市场稽查局缴纳罚款人民币 102160 元。

【案件焦点】

关于被告人主观明知故意的认定。

【法院裁判要旨】

广东省深圳市南山区人民法院经审理认为：被告人刘某某、吴某某销售明知掺有有毒、有害的非食品原料的食品，其行为构成销售有毒、有害食品罪。公诉机关指控的犯罪事实清楚，证据确实、充分，指控的罪名成立。刘某某、吴某某作为食品行业的经营管理人员，明知涉案牛仔骨系通过非正常进货渠道获取的免费试用品，且没有中文标签，没有检验合格证明，仍将其销售给酒店，应认定为主观上是“明知”，对辩护人关于事先不知道牛仔骨中含莱克多巴胺成分的辩护意见，不予采纳。对酒店已使用的 14.5 公斤牛仔骨，因其与被当场查获的 5.5 公斤牛仔骨来源渠道相同，结合对查获牛仔骨抽检、复检的相关证据，对辩护人关于该部分牛仔骨应予剔除的辩护意见，不予采纳。刘某某、吴某某在共同犯罪中作用相当，不予区分主、从犯。刘某某、吴某某自动投案，且如实供述犯罪事实，是自首，依法予以从轻处罚。

刘某某、吴某某销售掺有有毒、有害的非食品原料的食品，危害社会公众的身体健康和生命安全，损害社会公共利益，依法应承担赔礼道歉等民事责任，对附带民事公益诉讼人的请求，依法予以支持。

广东省深圳市南山区人民法院依照《中华人民共和国刑法》第一百四十四条、第六十七条第一款，《中华人民共和国侵权责任法》第十五条，《最高人民法院、最高人民检察院关于检察公益诉讼案件适用法律若干问题的解释》第二十条及《最高人民法院关于审理消费民事公益诉讼案件适用法律若干问题的解释》第十三条第一款之规定，判决如下：

一、被告人刘某某犯销售有毒、有害食品罪，判处有期徒刑六个月，并处罚金人民币5万元。

二、被告人吴某某犯销售有毒、有害食品罪，判处有期徒刑六个月，并处罚金人民币5万元。

三、责令被告人刘某某、吴某某在判决生效后一个月内在国家级新闻媒体上就其销售有毒、有害食品的违法行为进行公开赔礼道歉。

刘某某、吴某某不服一审判决，提出上诉。广东省深圳市中级人民法院同意一审裁判意见，裁定：驳回上诉，维持原判。

【法官后语】

“民以食为天，食以安为先”。食品安全问题关乎国计民生，决定人民群众生活水平和幸福指数，也成为老百姓食不甘味的天下之忧。

在生产、销售有毒、有害食品犯罪案件中，主观故意的“明知”包括知道和应当知道。认定行为人是否应当知道，可参考以下几个方面的因素：一是进货渠道是否正常，价格是否明显偏低；二是行为人对涉案食品有无生产日期、生产厂家、卫生检验合格证是否明知；三是行为人基于其知识经验是否知道掺入食品的物质可能是有毒、有害的非食品原料，或是否知道食品中可能含有有毒、有害的非食品原料。本案刘某某、吴某某作为食品行业的从业者，明知涉案牛仔骨系通过非正常进货渠道获取的进口食品，且没有中文标签，没有检验合格证明，仍将其销售给酒店，应认定为主观上是“明知”。

刘某某、吴某某销售有毒、有害食品，侵害消费者合法权益，损害社会公共利益，公诉机关一并提起附带民事公益诉讼，法院对其诉求依法予以支持。在判决生效后，判项内容也得以有力地执行。对食品药品安全领域刑事案件一并提起附带民事公益诉讼，不仅可以节约司法资源、提高诉讼效率，而且还能形成追责合力，实现单独民事公益诉讼无法达到的诉讼效果，最大化促使社会公共利益受侵害状态得到救济，维护社会秩序的稳定。

编写人：广东省深圳市南山区人民法院　张艳

3

侵犯客体不同导致认定罪名的不同

——顾某赌博案

【案件基本信息】

1. 裁判书字号

吉林省四平市铁西区人民法院（2020）吉0302刑初156号刑事判决书

2. 案由：赌博罪

【基本案情】

被告人顾某的妻子赵某于2020年1月8日从杨某处兑下位于四平市铁西区某小区西门的B108室彩票投注站，由顾某负责该彩票站的日常经营管理。其间，顾某自行制定开奖赔率等赌博规则，利用国家正规彩票的开奖号码组织人员参与竞猜并使用微信转账等方式结付款。自2020年7月1日起至案发，顾某共组织马某某、陈某某、崔某某三人参与，涉案流水为 22300 元，顾某获利 21087 元。

【案件焦点】

组织人员参与竞猜并采取微信转账方式使个人获利的犯罪行为应如何定罪。

【法院裁判要旨】

吉林省四平市铁西区人民法院经审理认为：1. 顾某的犯罪行为不构成非法经营罪。非法经营罪，是指行为人实施了未经许可经营法律、行政法规规定的专营物品、买卖，扰乱市场秩序，情节严重的行为。政府相关部门将发行、销售彩票纳入专营范围，进行规范管理，任何组织、个人未经审批擅自发行、销售彩票的行为，必然扰乱政府对彩票发行、销售的正常管理秩序。虽然《最高人民法院、最高人民检察院关于办理赌博刑事案件具体应用法律若干问题的解释》第六条将未经国家批准擅自发行、销售彩票的行为以非法经营罪论处，但是，并非所有利用彩票开奖信息敛财的行为构成犯罪的，均应以非法经营罪处理。本案中，顾某在正常经营彩票销售业务之余，自行制定“输赢标准”，利用正规“体彩”“福彩”的开奖号码组织多人竞猜，坐庄牟利，其行为没有利用“彩票”这一物质载体，也不具备利用政府有关彩票规定的特定方式去干扰正常彩票市场经营的特征，犯罪行为的实施过程亦未与彩票经营机构之间存在关联，整体事实独立于彩票销售模式之外。顾某仅利用“彩票”开奖信息的这一形式，为其与参赌者之间的赌博提供一个判断输赢的衡量标准，不应将之认定为未经许可销售彩票的非法经营行为。

2. 顾某的行为侵犯了社会管理秩序，应以赌博罪对其定罪处罚。赌博罪与非法经营罪侵犯的客体不同。赌博罪侵犯的客体是社会管理秩序，非法经营罪侵犯的客体是国家的市场交易管理秩序。在客观表现方面，赌博罪表现为行为人以营利为目的聚众赌博或以赌博为业，非法经营罪则表现为行为人违反国家规定，非法从事经营活动，扰乱市场交易管理秩序。顾某组织多人利用“彩票”开奖信息作为评判输赢的标准进行竞赌，以庄家的身份与参赌人员马某某、陈某某、崔某某之间进行输赢结算的方式获取非法利益。顾某的行为侵害的是正常的社会管理秩序而非扰乱市场秩序的非法经营活动，更不是通过非法经营行为获利，故应以赌博罪追究顾某的刑事责任。

3. 顾某的行为系聚众赌博而非开设赌场。就本案现有证据分析，顾某以营利为目的，组织马某某、陈某某、崔某某三人参与赌博活动，涉及人数较少、规模较小、参赌人员相对固定、经营时间较短，相较于开设赌场犯罪的持续性、规模性等特征，顾某的行为更符合聚众赌博的犯罪特征。

综上所述，法院认为，顾某以营利为目的聚众赌博，其行为已构成赌博罪。公诉机关指控顾某的犯罪事实存在，证据确实、充分，但指控的罪名不当，应予纠正。顾某自愿认罪认罚，依法可对其从宽处罚；鉴于顾某无前科劣迹，当庭认罪态度良好，主动上缴违法所得，依法可对其酌情从轻处罚。顾某到案后悔罪表现明显，对其判处缓刑确实不致再危害社会，且其所在社区同意监管，依法可对其宣告缓刑。对辩护人提出可对顾某免予刑事处罚的辩护意见，不予采纳。随案移送的扣押物品中，彩票机（福彩、体彩机各一台）、代销证系顾某经营彩票销售业务使用，无证据表明系违禁品或作案工具，应将其发还给顾某；扣押的苹果X手机系顾某作案过程中使用的工具，应与顾某上缴的违法所得一同没收，上交国库。

吉林省四平市铁西区人民法院依据《中华人民共和国刑法》第三百零三条第一款、第四十五条、第四十七条、第五十二条、第五十三条、第七十二条、第七十三条、第六十四条，《中华人民共和国刑事诉讼法》第十五条等相关法律规定，作出如下判决：

一、被告人顾某犯赌博罪，判处有期徒刑一年，缓刑二年，并处罚金人民币1万元。

二、顾某上缴的违法所得人民币21087元及随案移送的苹果X手机一部均予没收，上缴国库；彩票机（福彩、体彩机各一台）及代销证发还顾某。

本判决作出后，被告人顾某未上诉，检察机关未抗诉，现该判决已经生效。

【法官后语】

本案处理的关键点在于根据《中华人民共和国刑法》第二百二十五条的规定，关于非法经营罪，是指违反国家规定，有下列非法经营行为之一的犯罪：(1) 未经许可经营法律、行政法规规定的专营、专卖物品或其他限制买卖的物品的；(2) 买卖进出口许可证、进出口原产地证明以及其他法律、行政法规规定的经营许可证或者批准文件的；(3) 未经国家有关主管部门批准，非法经营证券、期货或者保险业务的，或者非法从事资金结算业务的；(4) 其他严重扰乱市场秩序的非法经营行为。但从非法经营罪中“违反国家规定”的理解可知被告人顾某并未违反国家规定的需要许可经营，或未经有关行政部门批准而从事的行业，其所经营的彩票站符合地方彩票经营许可的相关规章制度，其具有彩票经营的许可权，其犯罪行为并未对国家许可经营或批准经营市场秩序造成侵害。顾某所实施的犯罪行为，符合以营利为目的，聚众赌博或者以赌博为业的行为，应当以赌博罪追究其刑事责任。而赌博罪被侵犯的客体为社会主义的社会风尚，其危害的是社会秩序。此外，从顾某的供述及其客观行为可以判断出，顾某在经营彩票站期间，售卖黑彩并通过微信转账方式收取钱财，是为了获取钱财，而不是为了消遣、娱乐或以营利为目的的占有。此外，本案中还应当考虑顾某是否涉嫌犯开设赌场罪的问题。考虑到《中华人民共和国刑法》第三百零三条第二款的规定，开设赌场罪是指客观上聚众赌博、开设赌场，以赌博为业。一旦赌场开始正式营业，并有人实际使用，就成立本罪，与开设者是否实际获得利润无关紧要。开设赌场的人自己参与赌博，并以赌博为业的，可以考虑以本罪和赌博罪并罚。但本案中，顾某只是在经营彩票站期间，利用国家合理的体彩、福彩开奖信息，聚拢认识的几个人参与小范围的赌博，不宜以开设赌场罪追究顾某的刑事责任。综上，本案经过审理后，改变了公诉机关的起诉定性，认定顾某的行为犯赌博罪而予以量刑。

编写人：吉林省四平市铁西区人民法院　李响

4

刑法上因果关系中断的认定

——廖某华过失致人死亡、李某秋交通肇事案

【案件基本信息】

1. 裁判书字号

广东省新兴县人民法院（2019）粤5321刑初260号刑事判决书

2. 案由：过失致人死亡罪、交通肇事罪

【基本案情】

2019年6月1日21时许，被告人廖某华驾驶车牌号为粤W85×××号的小车到新兴县新城镇某小区三楼住宅找被害人许某霞，因感情上的事情被告人廖某华与许某霞产生矛盾，后廖某华将许某霞的手袋拿走并放在其停在楼下的车上，但遭到许某霞拦阻，双方争吵着回到上述住宅内。次日凌晨2时46分，廖某华再次下楼欲驾车离开，许某霞随后也追下楼，见廖某华启动车辆后许某霞用手欲拉开小车的右后车门，在该小车驶离某小区门口转入育才南路逆向行驶时，许某霞大声呼救并拍打车门叫停车辆未果被车甩掉后摔倒在地上，廖某华没有停车查看施救而是直接驾车离开现场。20多秒后，被告人李某秋酒后驾驶车牌号为粤W8C×××号的小车撞上许某霞并将其碾压拖行十多米，致使许某霞当场死亡，后李某秋驾车离开现场。过后不久，李某秋、廖某华先后驾车回到事故现场。经某司法鉴定所鉴定，死者许某霞符合因交通事故所致肺挫裂出血致创伤性失血性休克致死的特征；李某秋血液样本中检测出酒精浓度为25.97mg/mL；粤W8C×××号小型轿车在事故发生时的行驶速度约为75km/h；粤W85×××号小型普通客车在事故发生时的行驶速度约为25-28km/h。2019年8月15

日，某县公安局交通警察大队依法对该宗事故作出认定，廖某华、李某秋均承担事故的主要责任，许某霞承担次要责任，三方均不服上述认定并提出书面复核申请。同年 9 月 25 日，某市公安局交警支队责令某县公安局交通警察大队对事故责任进行重新调查、认定。10 月 29 日，某县公安局交通警察大队对本案重新作出认定，李某秋酒后驾驶机动车没有按照操作规范安全、文明驾驶，在雨天行驶时没有降低行驶速度且在发生交通事故后逃逸，认定李某秋承担该宗事故的全部责任。另查明，就本案的赔偿问题，廖某华、李某秋的近亲属与许某霞的近亲属自行协商达成赔偿协议，廖某华、李某秋的近亲属赔偿了许某霞的近亲属的经济损失（已兑现）。许某霞的近亲属出具谅解书，对廖某华、李某秋的行为表示谅解。经查，李某秋取得机动车驾驶证，准驾车型为 C1；廖某华、李某秋此前无犯罪前科。

【案件焦点】

廖某华的行为并未直接造成被害人死亡的事实，存在其他事实的介入情形，廖某华是否构成过失致人死亡罪。

【法院裁判要旨】

广东省新兴县人民法院经审理认为：廖某华对许某霞具有法定的救助义务，其应当预见到许某霞追赶其车辆后摔倒并躺在城区主要道路中间，且晚上能见度较低，如果不及时对许某霞实施救助，许某霞可能会因为过往车辆的撞击碾压而导致死亡的后果，但廖某华在有能力救助的情况下，选择驾驶车辆离开现场，最终导致许某霞被过往车辆撞击碾压死亡。许某霞处于高度危险状态最终被车撞击碾压死亡与廖某华没有及时救助的行为存在刑法上的因果关系。本案许某霞的死亡虽是多因一果，但李某秋碾压许某霞的行为与许某霞自身行为这两个介入因素并不能切断廖某华的行为和许某霞死亡结果之间的因果联系。故廖某华的行为符合过失致人死亡罪的构成要件，应以过失致人死亡罪定罪处罚，其行为已构成过失致人死亡罪，属于情节较轻的情形，应处三年以下有期徒刑。对于李某秋是否构成交通肇事罪，《中华人民共和国道路交通安全法》第四十二条规定，夜间行驶或者在容易发生危险的路段行驶，应当降低行驶速度。李某秋酒后夜间行驶，且在阴雨天气、视线不好的情况下，没有降低行驶速度，没有按照道路交通安全法律法规有关的规定保持高度谨慎驾车，导致其在发现前方不远处的道路内有人时，来不及采取紧急制动措施，最终导致撞击碾压到许某霞，致其死亡，李某秋负事故全部责任，其行为构成交通肇事罪，应处三年以下有期徒刑或者拘役。

广东省新兴县人民法院依照《中华人民共和国刑法》第二百三十三条、第一百三十三条、第六十七条第一款、第七十二条第一款、第七十三条第二款和第三款，《最高人民法院关于审理交通肇事刑事案件具体应用法律若干问题的解释》第二条第一款第（一）项的规定，作出如下判决：

一、被告人李某秋犯交通肇事罪，判处有期徒刑一年六个月，缓刑二年六个月。

二、被告人廖某华犯过失致人死亡罪，判处有期徒刑一年二个月，缓刑二年。

【法官后语】

该案例涉及司法实践中可预见危险后果的行为发生后，其他积极因素介入出现死亡结果时如何判定因果关系是否中断，对正确认识、厘清因果关系中断等问题具有重要指导价值。

刑法意义上的因果关系，是指危害行为与危害结果之间引起与被引起的合乎规律的联系。根据通说，中断的因果关系，指某种危害行为引起或正在引起某种危害结果，在因果关系发展的过程中，介入了另一原因，从而切断原来的因果关系，行为人只对另一原因介入前的现实情况负责；介入原因引起的最后结果与前因行为之间没有因果关系。成立中断的因果关系必须具备三个条件：(1) 必须有另一原因介入。所谓介入原因，指介入已经存在并且正在发展的因果过程的行为或自然力，它与最后结果具有质的同一性，能够引起该结果发生。如果介入因果过程的行为或自然力，仅对危害结果的发生起促进作用，则不是介入原因，只是因果过程发展的条件，不能中断因果关系。(2) 介入原因必须是异常原因。所谓异常原因，指通常情况下不会介入的某种行为或自然力。如果介入原因属于通常介入，则不能中断因果关系。如何理解“通常”呢？笔者认为在此处应结合具体案情进行合理解释，而非仅仅以普通字面意义去理解。如在本案中，在许某霞在追赶车辆时摔倒而致使其躺在主要道路中间这一情况下，对于她在间隔20多秒之后被车辆碾压，“遭车辆碾压”这一因数应理解为本案的“通常介入”，因为在本案特殊情况下是可预见的，是常人都能推断的。(3)中途介入的原因必须合乎规律地引起最后结果的发生。因果关系的中断，意味着前因行为与最后结果之间没有因果关系，同时表明最后结果是介入原因合乎规律地引起的。

本案中，许某霞与廖某华是情人关系，双方因感情纠葛发生争执，在廖某华驾车离开时，许某霞追赶其车辆后摔倒并躺在车来车往的城区主要道路中间，且晚上能见度低，如果不及时救助，许某霞极可能被过往车辆碾压，但廖某华在明知许某霞摔倒其能救助的情况下直接驾车离开。其行为直接致使许某霞处于高度危险状态，最终被车撞击碾压死亡。在“被害人摔倒在道路中间”这一前提下，“遭车辆碾压”这一因素应理解为本案的“通常介入”，因为在本案特殊情况下是可预见的，是常人都能推断的，是难以避免的。因此梁某秋交通肇事这一介入因数并不能阻断廖某华的行为和许某霞死亡结果之间的因果联系。即廖某华的行为与许某霞之死具有刑法意义上的因果关系。

编写人：广东省新兴县人民法院　张泳仪

5

行为与后果间不具有唯一排他性因果关系情形下故意伤害罪之认定

——贾某子、康某妮故意伤害案

【案件基本信息】

1. 裁判书字号

河南省平顶山市中级人民法院（2020）豫04刑终386号刑事裁定书

2. 案由：故意伤害罪

【基本案情】

被告人贾某子、康某妮系夫妻关系，二人与王某法、武某夫妇均系平顶山市某村村民，双方因宅基地出路问题发生纠纷。2013年2月15日上午10时许，贾某子、康某妮与其儿子贾某1、女儿贾某2等人到王某法家宅基地处，贾某子另纠集徐某洋（贾某子女婿）、余某航等人到现场壮声势，先与王某锤之妻王某及其儿子王某格发生纠纷引起厮打，后又与王某法及其家人发生厮打，在厮打过程中致王某法之妻武某右眼受伤，王某楠右眼受伤、王某硕鼻部受伤，贾某子头部受伤。后武某、王某楠、王某硕被送往甲医院救治，武某被医院诊断为右眼外伤性前方积血、右眼视网膜挫伤、右眼屈光不正。2013年5月24日，乙医院诊断证明书显示武某诊断：（1）右眼外伤；（2）右眼屈光不正；（3）右眼外斜视。2013年8月14日经某司法鉴定中心鉴定，武某因故致右眼外伤性前方积血、右眼视网膜挫伤、右眼斜视及视力明显减退，依据相关规定，其损伤程度构成轻伤；右眼视力眼前手动属右眼盲，参照相关规定，在排除视网膜、视神经病变的前提下，可以考虑其损伤程度达到重伤标准。后于2013年

9月5日作出补充说明：(1) 被鉴定人武某因故致右眼外伤性前房积血、右眼视网膜挫伤、右眼斜视及视力明显减退，依据相关规定，其损伤程度构成轻伤，鉴定意见可以修定为：被鉴定人武某因故致右眼外伤性前房积血、右眼视网膜挫伤、右眼斜视及视力明显减退，依据相关规定，其损伤程度构成轻伤。(2) 目前武某右眼视力眼前手动属右眼盲，参照《人体重伤标准》第十九条第一款的规定，在排除视网膜、视神经病变的前提下，可以考虑其损伤程度达到重伤标准。但此份鉴定意见内容以排除视网膜、视神经病变为前提，认定达到重伤标准，说明依据现有材料认定武某损伤程度构成重伤的依据不足，故不认定其损伤程度构成重伤。王某楠、王某硕及贾某子伤情经某县公安局法医学人体损伤鉴定，均为轻微伤。

【案件焦点】

本案中被害人武某的伤情应认定为轻伤还是重伤。

【法院裁判要旨】

河南省宝丰县人民法院经审理认为：被告人贾某子、康某妮故意伤害他人身体，致一人轻伤，二人轻微伤，其行为已构成故意伤害罪。公诉机关指控二被告人犯故意伤害罪的事实清楚，罪名成立。本案中，丙医院刑事诉讼医学鉴定委员会鉴定书及更正声明、某法医临床司法鉴定所司法鉴定意见书及补充说明，因在被告人贾某1、贾某2故意伤害案中被告人对鉴定意见有异议，法院认为鉴定人有必要出庭作证，经通知，鉴定人拒不出庭作证，上述鉴定意见不得作为定案的根据。故公诉机关指控二被告人故意伤害他人身体，致一人重伤的事实不清，证据不足，不予支持。在共同犯罪中，贾某子、康某妮均起主要作用，均是主犯，应当按照所参与的全部犯罪处罚，贾某子联系其子贾某1、其女贾某2与王某法家置气，并纠集徐某洋、余某航等人到场壮声势，其在共同犯罪中的作用比康某妮、其子贾某1、其女贾某2大，且贾某子、康某妮到案后拒不认罪，在量刑时综合以上情节予以考虑。

河南省宝丰县人民法院依照《中华人民共和国刑法》第二百三十四条、第二十五条第一款、第二十六条第一款和第四款之规定，判决如下：

一、被告人贾某子犯故意伤害罪，判处有期徒刑二年六个月。

二、被告人康某妮犯故意伤害罪，判处有期徒刑二年。

一审宣判后，河南省宝丰县人民检察院提出抗诉，贾某子不服一审判决，提出上诉。河南省平顶山市中级人民法院经审理认为：贾某子、康某妮故意伤害他人身体，致一人轻伤，二人轻微伤，其行为已构成故意伤害罪。原审判决认定事实清楚，证据确实、充分，适用法律正确，审判程序合法，量刑适当，抗诉机关的抗诉理由、上诉人的上诉意见不能成立，辩护人的辩护意见部分予以采纳。

河南省平顶山市中级人民法院依照《中华人民共和国刑事诉讼法》第二百三十六条第一款第（一）项之规定，裁定如下：

驳回抗诉、上诉，维持原判。

【法官后语】

本案系抗诉加上诉案件，控辩双方分歧较大，关于被害人的伤情亦是本案争议焦点。抗诉机关提出抗诉意见称，原判认定武某的伤情为轻伤错误，应当依法认定为重伤，并判处二被告人三年以上十年以下有期徒刑，而辩护人则认为原审判决适用法律正确，量刑适当，应予维持。最终，二审认定贾某子、康某妮的行为构成故意伤害致人轻伤、轻微伤，而未采纳抗诉机关和上诉人的意见，具体理由如下。

首先，关于申请重新鉴定问题。在二审期间，贾某子及辩护人均提出对武某的伤情进行重新鉴定的申请。经查，关于武某的伤情自案发时起前后已有三次鉴定：第一次是 2013 年 8 月某司法鉴定中心出具的轻伤鉴定意见，第二次是丙医院在 2013 年 11 月作出的刑事诉讼医学鉴定，第三次是 2013 年 11 月某法医临床鉴定所出具的重伤鉴定意见以及 2020 年 2 月该鉴定所出具的重伤情况的补充说明。前后的多次鉴定，鉴定人均具备鉴定资质，鉴定程序合法，鉴定结果的不同仅说明鉴定人员的认识不同，而不代表鉴定有误，故其提出重新鉴定的要求没有合法依据，不予采纳。

其次，关于鉴定结果问题。某司法鉴定中心与某法医临床鉴定所出具的两份鉴定意见，在认定被害人武某已达眼盲的问题上是一致的，仅是在最终结论上存在分歧，原因是某司法鉴定中心与某法医临床鉴定所在考虑视网膜、视神经病变等因素方面有所不同：前者认为现有证据无法排除武某在视网膜、视神经等方面存在病变；后者则认为不排除武某右眼存在屈光不正，甚至黄斑病的可能，但右眼外伤的事实不容否认，右眼的视力下降，视网膜挫伤，废用性外斜视，电生理VEP和ERG的改变，甚至黄斑的萎缩都可能是外伤作用的结果，因伤所致的因果关系更大。在二审庭审过程中，针对两份鉴定意见存在的分歧及原因，合议庭对出庭的某法医临床鉴定所两名鉴定人进行了询问，通过询问能够确定的是：其一，武某视网膜、视神经存在病变的情况不确定，先天性眼盲不能完全排除；其二，屈光不正、外斜视、黄斑萎缩、外伤、怠于治疗等因素综合造成了武某现在的右眼盲状态。

根据本案中鉴定机构出具的鉴定意见以及鉴定人的出庭证言，能够证实武某右眼的屈光不正、黄斑病、外斜视等病症，与外伤共同作用导致了眼盲。另外，根据在案证据以及武某陈述，证实武某在受伤后仅住院治疗12天，此后不曾治疗，某临床法医鉴定所在武某受伤9个月后接受委托，依据其当时的眼部状态作出了鉴定结论，而根据出庭鉴定人的证言，不治疗会加重眼部伤情。综上，在除外伤外的各种因素均会导致或加重被害人眼盲的前提条件下，无法认定外伤与武某的重伤之间具有唯一排他性的因果关系。故某司法鉴定中心的鉴定在考虑了视网膜、视神经病变等因素的条件下，亦距离被害人受伤后的时间较短，更能客观反映被害人的伤情，应当采纳该轻伤的鉴定意见。综上，对武某的伤情应认定为轻伤。

本案中，关于是否应认定行为人构成故意伤害致人重伤，关键在于对被害人案发时的伤情以及行为与后果之间因果关系的准确认定。首先，关于被害人伤情，因被害人在案发后没有第一时间作出伤情鉴定，且在一定程度上延误了治疗，导致了病情的进一步发展，如果根据其怠于治疗后的伤情对本案进行认定并不合理；其次，关于行为与后果之间的因果关系，根据在案的证据，可以证实被害人的伤情系在自身眼部存在基础性病变和外伤共同作用下所形成。综上，被害人的重伤结果系在自身存在基础性疾病、行为人实施的伤害行为以及因自身原因延误治疗多重因素作用下所形成的，行为人的行为与被害人的重伤结果之间不具有唯一排他性的因果关系，而法院在三份鉴定意见中最终采纳距离被害人受伤后的时间较短、且考虑到被害人可能存在基础疾病的轻伤鉴定意见，更能客观真实反映被害人的伤情。据此认定行为人构成故意伤害致人轻伤，既符合罪责刑相一致的原则，又体现了宽严相济的刑事政策。

编写人：河南省平顶山市中级人民法院　朱至元

6

防卫行为是否超过必要限度的认定

——邱某某故意伤害案

【案件基本信息】

1. 裁判书字号

湖北省武汉市中级人民法院（2020）鄂01刑终610号刑事裁定书

2. 案由：故意伤害罪

【基本案情】

被告人邱某某与张甲案发时系夫妻，二人于2010年2月28日生育一子张乙，其右耳系先天性耳畸形伴听力损害。2018年4月、9月和2019年5月，张乙三次入院进行手术治疗，取自体肋软骨重建右耳廓，2019年6月5日出院。

邱某某与张甲常因家庭琐事发生吵打，案发前二人处于分居状态。2019年7月2日晚，二人多次在两处房屋内为离婚问题发生争执，并约定次日办理离婚手续。7月3日凌晨1时许，张甲来到邱某某与张乙居住房屋，采取打电话、敲门、用小石子砸窗户等方式欲进入室内，邱某某均未开门和回应。邱某某报警后，出警民警始终未能找到事发地点，遂对张甲进行电话劝说、警告。邱某某又向张甲之母打电话求助均无果后，从厨房取出一把单刃水果刀藏在手中并打开大门，张甲进屋后即对邱某某进行辱骂、殴打，并将邱某某逼入卧室，打其耳光。邱某某被打后未立即持刀反抗，而是顺势将水果刀藏在床头。张乙见母亲被打，遂持玩具金箍棒打张甲背部，张甲随即一手将张乙按在床上，用腿跪压其双腿，同时用右手握拳击打张乙的臀部。邱某某为防止张乙术耳受损，便徒手上前制止，制止无果后拿起床头的水果刀向张甲背部连刺三刀，其中两刀刺入胸腔。张甲受伤后，邱某某立即骑电动车将张甲送至医院救治，张甲住院治疗12天后出院。经法医鉴定，张甲损伤程度为重伤二级。

同年8月27日，邱某某与张甲办理了离婚登记，邱某某放弃其全部财产权利作为对张甲的赔偿，张甲出具谅解书，请求对邱某某免予刑事处罚。

【案件焦点】

邱某某的正当防卫行为是否明显超过必要限度造成重大损害。

【法院裁判要旨】

湖北省武汉市新洲区人民法院经审理认为：本案认定防卫行为是否“明显超过必要限度”，应当以足以制止并使防卫人免受家庭暴力不法侵害的需要为标准，根据防卫人所处的环境、面临的危险程度、采取的制止暴力的手段、施暴人正在实施家庭暴力的严重程度、造成施暴人重大损害的程度以及既往家庭暴力史等因素进行综合判断。

判断邱某某的防卫行为是否明显超过必要限度，应当充分体谅一个母亲为保护儿子免受伤害的急迫心情，还应当充分考虑邱某某在当时紧张焦虑状态下的正常应激反应和张乙身体的特殊状况。张甲受伤停止殴打张乙后，邱某某亦立即停止了对其扎刺，此时不能以事后冷静的旁观者的立场，过分苛求防卫人“手段对等”，要求防卫人在孤立无援、高度紧张的情形之下作出客观冷静、理智准确的反应，实施刚好制止不法侵害的行为。亦不能陷入“唯结果论”的误区，根据查明的全部客观事实进行事后判断，特别是不能以致人重伤的防卫后果来逆推防卫行为是否过当，要设身处地对事发起因、不法侵害可能造成的后果、当时的客观情境等因素进行综合判断，适当作有利于防卫人的考量和认定。综上，应认定邱某某的正当防卫行为未超过必要限度，不负刑事责任。

湖北省武汉市新洲区人民法院依照《中华人民共和国刑法》第二十条第一款以及《中华人民共和国刑事诉讼法》第二百条之规定，作出如下判决：

被告人邱某某无罪。

湖北省武汉市新洲区人民检察院不服一审判决，提出抗诉。湖北省武汉市中级人民法院经审理认为：原审法院作出无罪判决，定性准确、审判程序合法。湖北省武汉市人民检察院以抗诉不当为由申请撤回抗诉，符合法律规定，依法应予准许。

湖北省武汉市中级人民法院依照《中华人民共和国刑事诉讼法》第二百三十六条第一款第（一）项及《最高人民法院关于适用〈中华人民共和国刑事诉讼法〉的解释》[①] 第三百零七条、第三百零八条的规定，作出如下裁定：

准许湖北省武汉市人民检察院撤回抗诉。

【法官后语】

首先，正当防卫是法律赋予公民的一项权利，最高人民法院、最高人民检察院、公安部、司法部发布的《关于依法办理家庭暴力犯罪案件的意见》第十九条规定，为了使本人或者他人的人身权利免受不法侵害，对正在进行的家庭暴力采取制止行为，只要符合刑法规定的条件，就应当依法认定为正当防卫，不负刑事责任。本案中，邱某某因婚姻纠纷在分居期间受其丈夫张甲的纠缠滋扰至凌晨时分，自己和其子张乙先后遭张甲殴打。为防止张乙手术不足一月的再造耳廓受损，邱某某在徒手制止张甲未果的情形下，持水果刀向其背部连刺

① 《最高人民法院关于适用〈中华人民共和国刑事诉讼法〉的解释》已经于 2021 年 1 月 26 日修改，于 2021 年 3 月 1 日实施。本书收录的部分案例裁判于该司法解释修改之前，适用的是当时有效的条文，下文将不再对此进行提示。

三刀的行为符合正当防卫的起因、时间、主观、对象等条件，其行为应当得到法律的支持，依法认定为正当防卫。对“必要限度”的认定应以制止不法侵害、保护法益所必需为标准，通过全面分析案情来判断。认定邱某某防卫行为没有超过必要限度，综合了防卫人邱某某所处的环境、遭受暴力的严重程度、制止暴力的手段、造成施暴人损害的程度以及既往家暴史等因素。

其次，依法判决邱某某无罪具有一定的典型意义。本案最大限度维护了妇女、儿童的合法权益。尊重妇女，保护妇女，是文明社会、和谐社会应有的道德风尚和行为规范，也是衡量一个社会文明进步的重要标志。张甲身为丈夫、父亲，理应维护家庭和睦，爱护家人、慈爱子女，但其家暴行为给妻子、孩子都带来了不可磨灭的伤害。就本案而言，关乎的不仅仅是邱某某是否要接受法律的惩罚，更关系到一个孩子的健康成长。如若对邱某某判处刑罚，其子张乙将面临的不仅仅是家庭解体所带来的伤害，更有可能再次遭受父亲的暴力，成长历程中还要背负母亲是罪犯的阴影，将会严重影响一个九岁儿童的身心健康和快乐成长。依法判决邱某某无罪，不仅维护了邱某某的合法权益，更是为了守护张乙的健康成长。同时，有助于引导广大人民群众遵法、学法、守法、用法，充分发挥司法裁判的引导、规范、预防与教育功能，倡导两性平等、相互尊重的文化氛围，维护和睦、文明的家庭关系。

任何施暴行为都该被制止和反抗，即便是家庭内部的暴力，被害人也不必低人一等、忍辱负重。依法判决邱某某无罪，既彰显了法律的公平正义，又体现出司法的温度，还有利于强化“正能胜邪，邪不压正”的社会风气，切实鼓励人们依法行使正当防卫权利，让弱者敢于说不，推动形成反家暴的良好社会氛围。

编写人：湖北省武汉市新洲区人民法院　黄雁斌

7

事先有重大过错时正当防卫的认定

——向某华故意杀人案

【案件基本信息】

1. 裁判书字号

湖南省高级人民法院（2019）湘刑终 104 号刑事裁定书

2. 案由：故意杀人罪

【基本案情】

2015 年 4 月，被告人向某华与被害人向某猛（殁年 37 岁）之妻鄢某相识后发生不正当性关系，被向某猛发现。后经协商，向某华付给向某猛 3 万元作为赔偿，并保证不再与鄢某来往。此后，向某华仍与鄢某保持不正当性关系，并向鄢某借款 500 元。2018 年 3 月底，向某猛发现鄢某曾借钱给向某华且二人仍有联系，遂打电话要求向某华当面讲清楚，不然就伤害其小孩。同年 4 月 3 日，向某华来到湖南省永顺县城，并购买了一把总长约 8 寸、刀柄上面镶有三颗钉子的屠宰刀随身携带。4 月 4 日凌晨，向某猛、鄢某与向某华按原约定在永顺县城某街（主街之一，系商业步行街）入口处（装有当地社会管理电子防控平台的监控摄像头）见面，向某猛与向某华为还钱和终止与鄢某关系之事发生争吵，后打电话叫被害人向某森（殁年 29 岁）与沈某某过来帮忙。向某森提着装有三把杀猪刀的蛇皮袋和沈某某赶到后，突然用脚踢向向某华腹部，向某华即掏出屠宰刀追刺向某森。向某森挥舞蛇皮袋对打，其间从袋中先后掉出两把刀，向某猛捡起其中一把刀，双方相互追打。向某华在追打中持刀刺中向某森胸部、背部、右肩、右臂等处，致其当场死亡。向某华又持刀追刺向某猛右背部，并在其倒地后朝其头部猛踩。鄢某护在向某猛身边，将其手中的刀丢弃，向某华欲再踢向某猛头部时，向某猛自己翻身躺在地上，后当场死亡。打斗过程中，向某华左手掌等处受伤。过路群众见状拨打 110 电话报警和 120 急救中心电话，向某华亦拨打 120 急救电话。公安人员到达现场后，向某华供认两名被害人系其持水果刀捅刺，公安人员遂将其抓获归案。向某森、向某猛均因右肺破裂致大失血而死。

【案件焦点】

向某华的行为依法能否认定为正当防卫或者防卫过当。

【法院裁判要旨】

湖南省湘西土家族苗族自治州中级人民法院审理认为：向某华故意非法剥夺他人生命，其行为构成故意杀人罪。向某华将向某森、向某猛捅死不能以正当防卫、防卫过当论。向某森、向某猛在本案起因上确有一定过错，但并非重大过错，且向某华有过错在先。向某华虽有自首情节，但不足以对其从轻处罚。

湖南省湘西土家族苗族自治州中级人民法院依照《中华人民共和国刑法》第二百三十二条、第三十六条第一款、第五十七条第一款，《最高人民法院关于适用〈中华人民共和国刑事诉讼法〉的解释》第一百五十五条第一款、第二款、第二百四十一条第（二）项之规定，判决如下：

被告人向某华犯故意杀人罪，判处死刑，剥夺政治权利终身。

向某华不服一审判决，提起上诉。湖南省高级人民法院经审理认为：向某华在赴约前提前准备了刀具，在对方未亮出刀具情况下即拿出随身携带的屠宰刀追刺向某森。向某森自始至终没有从蛇皮袋内拿出刀具，只有挥舞手中蛇皮袋击打和阻挡向某华的捅刺行为。从向某森的尸检鉴定意见及尸检照片来看，其被捅刺部位多集中在腰腹部以上要害部位，从伤口深度可见用刀力度之大，向某华对向某森的致死意图明显。虽然向某猛随后捡起掉落在地的杀猪刀加入了与向某森一起对抗向某华的打斗，但从视频监控可以看出向某华在此过程中有多次逃离避免自身损害的机会，且在向某森被捅刺数刀倒地不起后，向某华并未收手，持刀继续追刺向某猛，在向某猛被刺倒地后，仍脚踢其头部，且数次持刀靠近，称要搞死他。向某华行为反映了其追求向某猛死亡结果发生的主观故意。一审定性准确。案发前，向某猛曾以伤害向某华小孩等言语相威胁要求与向某华见面，但并未实施该伤害行为。向某猛上述言行虽有不当，但不构成过错。案发时，向某淼准备了刀具并先脚踢向某华，在案件起因上确有一定过错，但非重大过错。向某华与鄢某保持不正当男女关系数年，曾承诺不再与鄢某来往，但未能遵守承诺，向某华在本案起因上存在过错。

湖南省高级人民法院依照《中华人民共和国刑法》第二百三十二条、第五十七条第一款、第六十七条第一款以及《中华人民共和国刑事诉讼法》第二百三十六条第一款（一）项之规定，裁定如下：

驳回上诉，维持原判。

2020 年 9 月 14 日，最高人民法院作出（2020）最高法刑核 78412609 号刑事裁定，核准对向某华的死刑裁判。在该刑事裁定书中，该院首先强调“本案因向某华与被害人之妻长期保持不正当男女关系而引发，向某华持刀连杀二人”。

【法官后语】

本案一审、二审虽然结束于 2020 年 8 月 28 日最高人民法院、最高人民检察院、公安部联合发布《关于依法适用正当防卫制度的指导意见》之前，但最高人民法院作出核准死刑的刑事裁定书，却是在《关于依法适用正当防卫制度的指导意见》发布实施后不久。因此，本案裁判结果及表述的裁判理由，对于正确理解和适用正当防卫制度具有较大借鉴价值。

1. 正确认识正当防卫制度的目的

正当防卫事关人的健康权甚至生命权，对其认定与否不能不慎重。准确理解和把握其法律规定和立法精神，是正确适用该制度的前提。通说认为，正当防卫是为了避免合法权益免受侵害，在紧急情况下制止不法侵害，赋予公民实施自力救济以便保护合法权益的一项措施。存在不法侵害是正当防卫成立的前提，但只有这种不法侵害具有紧迫性时，才允许对其实施防卫。因此，规定正当防卫的目的在于在紧急情况下制止不法侵害，以保护合法权益；正当防卫制度的实质在于“以正对不正”，依据“邪不压正”的常理常情。在强调有效激活正当防卫制度的大背景下，同时很有必要强调该制度的目的和实质。

2. 对向某淼脚踢向某华行为性质之认识

向某华与向某猛、向某淼是同一家族的。向某华与鄢某长期保持不正当男女关系且在见面时振振有词、不知悔改，不仅引起向某猛的愤怒，也引起同为族人的向某淼的鄙视和反感。向某淼到现场后，不是首先就拿刀捅刺或者砍杀向某华，只是脚踢其腹部，应该认为只是表现其对于本家族无赖之徒的愤怒情绪，并非为了伤害向某华。该脚踢腹部行为显属发生在一般争吵中的轻微暴力，最多也只能认定为显著轻微的不法侵害，性质上与打一记耳光相同，有别于以给他人身体造成伤害为目的的攻击性不法侵害行为。

3. 合理认定前因后果，不割裂被告人先前重大过错行为与最后发生故意杀人事件之间有机联系

认定是否构成正当防卫或防卫过当，要注重查明前因后果，以分清是非曲直，确保案件处理于法有据、于理应当、于情相容，符合人民群众的公平正义观念，契合我国文化传统。对于本案因果关系中的“因”，不能只划分到4月4日凌晨双方在永顺县城街头相见。如此划分，就容易将向某华错误地认定为受害人，并将其行为轻易地认定为正当防卫或者防卫过当。应该明确认为，向某华与鄢某长期保持不正当男女关系且不知悔改的重大过错行为，与最后发生故意杀人事件之间存在明显的有机联系，即法律意义上因果关系。这样，就不会将向某华错误认定为受害人，也不会轻易地将其行为认定为正当防卫或者防卫过当。这也是最高人民法院首先强调“本案因向某华与被害人之妻长期保持不正当男女关系而引发”的根本原因和重要意义。

4. 被告人先前过错行为引发的被害人显著轻微不法侵害，被告人不得使用足以致人重伤或者死亡方式进行防卫

基于正当防卫制度的目的和实质，司法适用中，既要依法维护公民的正当防卫权利，也要注意把握界限，防止滥用防卫权。对于显著轻微的不法侵害，

行为人在可以辨识的情况下，直接使用足以致人重伤或者死亡的方式进行制止的，不应认定为防卫行为。不法侵害系因行为人的重大过错引发，行为人在可以使用其他手段避免侵害的情况下，仍故意使用足以致人重伤或者死亡的方式还击的，不应认定为防卫行为。这是必须一直强调并始终坚持的裁判标准。本案中，向某华存在严重过错行为在先，对于向某淼出于愤怒情绪而脚踢向某华腹部的轻微侵害行为，没有任何正当理由支持其采取严重暴力行为进行还击；且在此过程中，向某华有多次逃离避免自身损害的机会，却仍然使用足以致人死亡的方式予以还击，当然更不能认定为正当防卫或防卫过当。

编写人：湖南省湘西土家族苗族自治州中级人民法院　胡基厚　欧阳圣艳

8

对防卫行为性质的判断应综合考量

——那某根故意伤害案

【案件基本信息】

1. 裁判书字号

天津市第一中级人民法院（2019）津01刑终69号刑事判决书

2. 案由：故意伤害罪

【基本案情】

被告人那某根在某镇某商贸街经营牛肉面馆，被害人杨某峰为那某根的牛肉面馆供应大米。2018年6月9日10时许，那某根认为杨某峰供应的大米存在质量问题和缺斤短两，要求退货，遂与杨某峰、杨某杰二人发生争执，杨某杰、杨某峰手持管制刀具先后至牛肉面馆内找那某根理论，后双方发生肢体冲突，那某根手持菜刀将杨某峰、杨某杰二人砍伤。经鉴定，杨某峰外伤致右颞顶枕部瘢痕长9.5厘米的损伤程度为轻伤二级，颈部划伤的损伤程度为轻微伤；杨某杰外伤致右背部皮肤瘢痕长16厘米的损伤程度为轻伤二级。案发后，杨某峰、那某根均拨打电话报警，2018年7月11日，那某根经公安机关电话传唤到案。

另查，杨某峰受伤后于2018年6月9日至2018年6月13日在天津市某医院住院治疗4天，住院期间由其亲属护理，共产生医疗费7172.93元、住院伙食补助费400元；杨某杰受伤后于2018年6月9日至2018年6月14日在天津市某医院住院治疗5天，住院期间由其亲属护理，后于2018年6月25日在该院复诊，共产生医疗费15952.64元、住院伙食补助费500元。

【案件焦点】

那某根的行为是否属于正当防卫。

【法院裁判要旨】

天津市北辰区人民法院经审理认为：那某根故意伤害他人身体健康，致二人轻伤的行为，已构成故意伤害罪，应予以惩处。公诉机关指控罪名成立，予以支持。根据法律规定，正当防卫的前提是存在正在进行的不法侵害行为，即要求不法行为已经着手实施，合法权益已经被侵害或者正在面临被侵害的紧迫危险，现有证据虽然能够证实杨某峰持管制刀具进入牛肉面馆，但无证据证实杨某峰持刀要对那某根进行不法侵害，在双方发生肢体冲突后，那某根在已经摆脱二被害人进入厨房的情况下，二被害人也未持刀对其进行伤害，而那某根却选择在厨房内取出菜刀砍伤二被害人，其行为缺乏正当防卫紧迫性和必要性，不应认定为正当防卫，故对那某根提出其构成正当防卫的辩解意见，不予采纳。那某根曾因犯罪被判处有期徒刑以上刑罚，其在刑罚执行完毕后五年内故意再犯应当判处有期徒刑以上刑罚之罪，系累犯，应从重处罚；其经公安机关电话传唤到案，到案后如实供述了其持刀砍伤二被害人的主要犯罪过程，其对犯罪行为性质的辩解不影响如实供述的认定，故可以认定那某根具有自首情节，依法对其从轻处罚。那某根应赔偿其伤害行为造成附带民事诉讼原告人杨某峰、杨某杰经法院依法确认的经济损失。

天津市北辰区人民法院依照《中华人民共和国刑法》第二百三十四条第一款、第四十五条、第四十七条、第六十四条、第六十五条第一款，《中华人民共和国侵权责任法》[①] 第四条第一款及《最高人民法院关于审理人身损害赔偿案件适用法律若干问题的解释》[②] 第十七条第一款、第十九条、第二十条、第二十一条、第二十二条、第二十三条第一款之规定，判决如下：

一、被告人那某根犯故意伤害罪，判处有期徒刑一年六个月。

二、作案工具菜刀一把，由暂扣单位依法予以没收。

三、被告人那某根于判决生效后十日内分别赔偿附带民事诉讼原告人杨某峰各项经济损失 8656. 99 元、附带民事诉讼原告人杨某杰各项经济损失 17955. 73 元。

四、驳回附带民事诉讼原告人杨某峰、杨某杰其他诉讼请求。

那某根不服一审判决，提出上诉。天津市第一中级人民法院经审理认为：《中华人民共和国刑法》第二十条规定："为了使国家、公共利益、本人或者他人的人身、财产和其他权利免受正在进行的不法侵害，而采取的制止不法侵害的行为，对不法侵害人造成损害的，属于正当防卫，不负刑事责任。正当防卫明显超过必要限度造成重大损害的，应当负刑事责任，但是应当减轻或者免除处罚……"具体到本案中，根据以下情况进行认定。

1. 杨某杰与手持管制刀具的杨某峰兄弟二人突然闯入上诉人那某根经营的牛肉面馆，且已着手对那某根实施了肢体攻击，该二人的行为对那某根的人身安全造成了威胁，存在刑法意义上的不法侵害。案发当日，那某根与杨某峰因

---

① 《中华人民共和国民法典》于 2021 年 1 月 1 日起实施，《中华人民共和国侵权责任法》等同时废止。本书收录的部分案例裁判于《中华人民共和国民法典》生效前，适用的是当时有效的法律规定，下文将不再对此进行提示。

② 《最高人民法院关于审理人身损害赔偿案件适用法律若干问题的解释》已经于 2020 年 12 月 29 日修改，2021 年 1 月 1 日起实施。本书收录的部分案例裁判于《最高人民法院关于审理人身损害赔偿案件适用法律若干问题的解释》修正前，适用的是当时有效的法律规定，下文将不再对此进行提示。

供应的大米质量和重量问题发生纠纷后，杨某峰遂纠集其弟杨某杰，并手持管制刀具与其弟闯入那某根经营的牛肉面馆，双方发生言语冲突，杨某杰首先上前手掐那某根的脖子，杨某峰手持刀具站立在旁，该兄弟二人的行为对那某根的精神和人身安全均造成了威胁，构成刑法意义上的不法侵害，那某根为制止该不法侵害而实施防卫行为，具有正当性。

2. 那某根对正在进行的不法侵害实施防卫，具有必要性和紧迫性。（1）从不法侵害的危险性来看，杨某峰手持管制刀具与其弟杨某杰突然闯入那某根经营的牛肉面馆，并且在其弟与那某根发生肢体冲突时，持刀站立在旁，尽管双方对当时杨某峰是否有持刀比画、捅刺动作的说法不一，但杨某峰手持较长的管制刀具且距离那某根距离很近，加之杨某杰已经上前对那某根实施了手掐脖子的行为，足以认定杨某峰兄弟二人的行为对那某根的人身安全造成了很大的现实危险。（2）从双方力量对比来看，那某根孤身一人（厨师在做饭，店内没有顾客），且其案发时是在工作状态，那某根对对方的到来和即将发生的事情没有任何思想和行动上的准备；相反，杨某峰、杨某杰兄弟二人事先有预谋且杨某峰手持管制刀具，突然闯入那某根经营的牛肉面馆滋事，双方力量明显处于不对等的状态。（3）从现场的客观环境来看，案发现场的牛肉面馆面积不足 30 平方米（包括前厅和厨房），厨房是在房间尽头用隔断截出的，面积仅能容纳 2 人至 3 人，与前厅之间无隔离门，也无后门。前厅摆放 4 张餐桌和流动餐车、冰箱，活动空间狭窄，牛肉面馆仅有一正门出入口，人员出入受限。案发时，当杨某峰、杨某杰兄弟二人从正门进到前厅之时即已封堵了牛肉面馆出口，对那某根来讲已经无路可逃。（4）从那某根（防卫人）的主观认知来看，杨某杰与手持管制刀具的杨某峰兄弟二人前后闯入那某根经营的牛肉面馆，先是语言威胁，继而杨某杰又实施了掐脖子的行为，即使那某根暂时挣脱开杨某杰的掐拽，但基于现场条件，其只有转身进入厨房躲避的可能，而厨房狭小封闭，且没有逃离通道，其在当时精神紧张和恐惧的状态下，主观上难以判断出接下来是否会发生更危险的行为，客观上此时手持管制刀具的杨某峰与其弟仍没离开餐馆前厅，对那某根不法侵害的现实危险性并未消除。那某根在进退均无法摆脱现实危险的境况下，具有防卫的必要性和紧迫性，其为制止正在进行的不法侵害，从厨房顺手拿起操作台上的菜刀砍向对方实施防卫，符合人的正常心理活动和预期。

3. 那某根的防卫行为没有明显超过必要限度造成重大损害。尽管那某根在厨房顺手操起两把菜刀（左手、右手各拿一把）转身砍向正对其滋事的兄弟二人，但在案证据显示，其首先砍向的是手持刀具危险性较大的杨某峰，且对每人仅砍一刀，损伤程度（瘢痕长度）均属轻伤二级，该损伤结果与对方实施的不法侵害程度相当，没有明显超过必要限度，没有造成重大损害，故不属于防卫过当。

综上，那某根的行为符合正当防卫的成立条件，且没有明显超过必要限度，没有造成重大损害。那某根为了使本人的人身安全免受正在进行的不法侵害，而采取的制止不法侵害的行为，属于正当防卫。虽然其行为造成对方二人各轻伤二级的后果，但没有明显超过必要限度造成重大损害，不负刑事责任；对方因伤造成的经济损失，那某根不负民事赔偿责任。原审认定那某根的行为构成故意伤害罪以及判决赔偿对方经济损失不当，应予纠正；那某根的上诉理由及辩护人的相关辩护意见，具有事实和法律依据，予以采纳；对天津市人民检察院第一分院的意见，予以支持。

天津市第一中级人民法院依据《中华人民共和国刑法》第二十条第一款、《中华人民共和国刑事诉讼法》第二百三十六条第一款第（二）项之规定判决如下：

一、撤销天津市北辰区人民法院刑事附带民事判决。

二、上诉人（原审被告人）那某根无罪。

三、驳回原审附带民事诉讼原告人杨某峰、杨某杰的诉讼请求。

【法官后语】

近年来，正当防卫问题引发社会广泛关注，反映了人民群众对民主、法治、公平、正义、安全的普遍诉求。准确适用正当防卫制度，对于符合正当防卫成立条件的，坚决依法认定，保护公民合法权利，是弘扬社会正气，对“法不能向不法让步”的法治精神的坚决捍卫。本案的焦点问题是那某根的行为是否属于正当防卫。一般认为正当防卫应具备以下几个条件：防卫起因（存在不法侵害）、防卫对象（不法侵害人）、防卫时间（不法侵害正在进行）、防卫限度（不超过必要限度）、防卫意图（制止不法侵害的意图），其中防卫的时间、限度以及意图条件往往需要结合具体案件情况进行判断。

对于防卫的时间条件，正当防卫要求必须是针对正在进行的不法侵害，具有必要性和紧迫性。所谓正在进行即指不法侵害处于已经开始并且尚未结束的阶段，尽管理论上对于不法侵害的开始和结束存在不同的观点，但实践中需要明确的是，对该问题的判断，要立足防卫人在防卫时所处情境，按照社会公众的一般认知，依法作出合乎情理的判断，不能以理性人事后的标准苛求防卫人。本案中，从不法侵害的危险性、双方力量对比看，杨某峰纠集其弟杨某杰，并手持管制刀具与其弟闯入那某根经营的牛肉面馆，双方发生言语冲突，杨某杰首先上前手掐那某根的脖子，杨某峰手持刀具站立在旁，对那某根的人身安全造成了很大的现实危险，且双方力量明显处于不对等的状态；从现场的客观环境看，牛肉面馆仅有一正门出入口，人员出入受限，而案发时杨某峰兄弟二人从正门进到前厅之时即已封堵了牛肉面馆出口，对那某根而言其只有转身进入厨房躲避的可能，而厨房狭小封闭，没有逃离通道，在进退均无法摆脱现实危险的境况下，具有防卫的必要性和紧迫性；且其当时在精神紧张和恐惧的状态下，主观上难以判断出接下来是否会发生更危险的行为，客观上此时手持管制刀具的杨某峰与其弟仍没离开牛肉面馆前厅，对那某根不法侵害的现实危险性并未消除，其为制止正在进行的不法侵害，从厨房顺手拿起操作台上的菜刀砍向对方实施防卫，符合人的正常心理活动和预期。

正当防卫的另一个基本要素是适度性，根据刑法规定，正当防卫不能明显超过必要限度造成重大损害。对防卫是否“明显超过必要限度”，应当综合考虑不法侵害行为与防卫行为的性质、手段、强度、后果等情节，立足防卫人防卫时的所处情境，结合社会公众一般认知作出判断。本案中虽然那某根的行为造成对方二人各轻伤二级的后果，但没有明显超过必要限度造成重大损害。按照法律规定那某根为了使本人的人身安全免受正在进行的不法侵害，而采取的制止不法侵害的行为，属于正当防卫，不负刑事责任。

正当防卫是一种私力救济，其本质是“正对不正”，对防卫人不能过于苛求，其适用应当有利于动员和鼓励人民群众见义勇为，积极同犯罪作斗争。

编写人：天津市第一中级人民法院　王珊

9

职务侵占罪与盗窃罪行为内容的区分

——黄某某盗窃案

【案件基本信息】

1. 裁判书字号

广东省深圳市中级人民法院（2019）粤 03 刑终 1603 号刑事裁定书

2. 案由：盗窃罪

【基本案情】

被告人黄某某为深圳甲公司员工，职务为金融部融资经理，职责范围为融资洽谈，不包括公司及客户款项的进出账管理、扣划、支付等财务事宜。2018 年 3 月 14 日，深圳甲公司为与其有汽车经销业务往来的武汉某公司提供担保，通过向“绿化贷”平台发布借款标，与名义出借人深圳乙公司订立借款担保合同，为武汉某公司向深圳甲公司购车进行融资。该笔业务中深圳甲公司负责洽谈的是市场部，其金融部应负责审核资料并提交给资金方、对接筹款进度，然后反馈给财务部，财务部应负责掌握武汉某公司的银行卡、U 盾和密码，并将信息录入资金方提供的 APP 上的注册虚拟账号，资金方筹集齐 100 万元后将款项转入虚拟账号，再转入武汉某公司银行账户，再转入深圳甲公司银行账户作为武汉某公司的购车款。深圳甲公司业务流程规定只有财务部才能负责资金的流动。

2018年3月19日，根据前述融资安排，武汉某公司将以其名义开立的银行卡、U盾、密码等资料快递至深圳甲公司。黄某某在上述快递寄送到公司前台后，私自从公司前台文员处截留，未按规定上交公司财务，并于2018年3月28日使用该U盾及银行卡，在资金方将100万元转入平台虚拟账户后当即将该款项分三次转入其实际控制的户名为黎某珠的银行账户，部分用于归还个人债务，部分用于网络赌博输光。其间，在深圳甲公司财务部向各部门同事询问是否有人收到该快递时，黄某某隐瞒不报。

【案件焦点】

如何根据事实区分是单位工作人员利用工作机会实施的盗窃行为还是利用职务便利实施的职务侵占行为。

【法院裁判要旨】

广东省深圳市福田区人民法院经审理认为：职务侵占罪是指公司、企业或者其他单位的人员，利用职务上的便利，将本单位财物非法占为己有，数额较大的行为。其中“利用职务上的便利”并非普通意义上的经手单位某项财物，而是指对某项财物支配与控制的职权，即行为人利用了其本人职务上所具有的决定或处置单位某项财物的职权，而并不是简单地利用工作机会实施侵占行为。本案中，黄某某利用其在深圳甲公司内工作且负有接收及整合资料、联系相对方的机会，私自截留公司融资业务中涉及的银行卡、密码等资料，未按规定上交财务，在公司不知道其持有相关资料的情况下，利用其对业务流程及操作手段的了解，将公司钱款人民币100万元秘密窃取至其控制的个人银行账户中，符合盗窃罪的构成要件。在黄某某前述行为发生时，融资资金虽流转至武汉某公司名下账户，但整个融资交易流程实为深圳甲公司控制资金流向，涉案款项在黄某某窃取行为发生时系处于深圳甲公司占有下的财产。黄某某行为已构成盗窃罪，数额特别巨大，依法应予以严惩。

广东省深圳市福田区人民法院依照《中华人民共和国刑法》第二百六十四条、第五十二条、第五十三条、第六十四条，作出如下判决：

一、被告人黄某某犯盗窃罪，判处有期徒刑十一年，并处罚金人民币3万元。

二、责令被告人黄某某向被害单位深圳甲公司退赔犯罪所得人民币100万元。

黄某某不服一审判决，提起上诉。广东省深圳市中级人民法院经审理认为：黄某某行为已构成盗窃罪，其盗窃数额特别巨大，且未向被害单位退赔，依法应予以严惩。对于黄某某的辩解意见，经查均已在一审时提出，原判决不予采纳并已充分说明理由。原判决根据上诉人黄某某犯罪的事实、性质、情节和对于社会的危害程度，对上诉人量刑适当。黄某某的上诉理由及其辩护人的辩护意见均不能成立，不予采纳。

广东省深圳市中级人民法院依照《中华人民共和国刑事诉讼法》第二百三十六条第一款第（一）项的规定，作出如下裁定：

驳回黄某某的上诉，维持原判。

【法官后语】

涉及被告人在工作场所利用与职务相关的条件或机会从事非法占有单位财物行为的案件近年来多有发生，公诉机关根据个案不同的事实和证据，以职务侵占罪、挪用罪、盗窃罪起诉的情形均有；这反映出此类犯罪行为根据案件具体事实的不同需以不同罪名定性的问题，进而很大程度上影响量刑幅度，因此多为审理中的争议焦点。

关于盗窃罪和职务侵占罪在本案所涉的类似情形下如何区分的问题。从行为对象而言，盗窃罪的行为对象是他人占有的财物，包括有体物和无体物以及财产性收益，而职务侵占罪的行为对象是行为人所在的本单位财物，包括单位现存的财物和确定的收益。行为人所在本单位的财物亦属他人占有的财物，因此二者在行为对象方面存在涵盖关系。从行为主体而言，盗窃罪的行为主体没有特殊身份要求，而职务侵占罪的行为主体是公司、企业或者其他单位的人员，亦存在涵盖关系。在以上两个方面，职务侵占罪相较于盗窃罪而言要求的行为对象及行为主体范围较窄，一般情况下符合职务侵占罪行为对象及行为主体要求的情形，同样符合盗窃罪的要求。从责任要素而言，二者均为故意。

继而，盗窃罪与职务侵占罪的主要区别需从行为内容着手。盗窃罪的行为内容是窃取他人占有的财物，窃取是指违反被害人的意志，将他人占有的财物转移为自己或第三者占有，其行为特征通常情况下具有秘密性。同时，窃取行为是排除他人对财物的支配，建立新的支配关系的过程，而被害人丧失占有的财物与行为人设立新的支配的财物必须具有同一性。而职务侵占罪的行为内容为利用职务上的便利，将数额较大的单位财物非法占为己有，职务侵占罪包括利用职务上的便利窃取、骗取、侵占本单位财物的行为以及其他将本单位财物占为己有的行为。换言之，《中华人民共和国刑法》第二百七十一条条文规定的行为，实际上是公司、企业、单位人员的贪污行为，而不只是狭义的侵占行为。首先，行为人必须利用了职务上的便利，即利用自己主管、管理、经营、经手单位财物的便利条件。但这里的“主管”“管理”“经营”并不是指普通意义上的经手，应是指对单位财物的支配与控制；或者说，利用职务上的便利是指利用本人职务上所具有的自我决定或者处置单位财物的权利、职权，而不仅仅是利用工作机会。如仅仅是利用工作机会为窃取财物创造条件及可能性，则仍然是盗窃行为，而不是将基于职务、职责而管理、经手的财物占为已有的职务侵占行为。其次，必须将单位财物非法占为己有，包括将基于职务管理的单位财物非法占为已有（侵占），以及利用职务之便的窃取、骗取等行为，其中的“非法占为己有”，不限于行为人所有，还包括使第三者所有。最后，必须非法占有了数额较大的单位财物，根据《最高人民法院、最高人民检察院关于办理贪污贿赂刑事案件适用法律若干问题的解释》的规定，6 万元以上为数额较大。综上，根据行为内容的具体构成，本案被告人的行为应构成盗窃罪而非职务侵占罪。

编写人：广东省深圳市福田区人民法院　吴爽

10

重大责任事故罪的责任认定

——赵某某重大责任事故案

【案件基本信息】

1. 裁判书字号

广东省深圳市中级人民法院（2019）粤 03 刑终 2430 号刑事裁定书

2. 案由：重大责任事故罪

【基本案情】

被告人赵某某系涉案压路机所有人，其自 2019 年 1 月起便提供压路机及操作员为某建设集团承包的深圳市东部过境高速第六标段第三工区部分路段进行"石粉压实"作业。春节后，赵某某在明知被告人周某某没有压路机操作证的情况下，聘请周某某作为操作员。2019 年 2 月 26 日，周某某到达施工现场与赵某某见面并试操作压路机（此前，周某某并未操作过同型号的压路机）。其间，周某某发现压路机震动坏了，告知赵某某。2 月 27 日、28 日赵某某请来维修工为压路机进行保养。2019 年 3 月 1 日上午，周某某首次操作压路机在罗湖区东湖街道辖区深圳市东部过境高速公路第六标段第三工区作业。同日 14 时许，当周某某驾驶压路机在第三工区 KB+1200 通道完成高速右线水稳路面石粉压实作业时，压路机突然刹车失灵，周某某无法制动压路机，同时由于缺乏驾驶经验无法将压路机转向，致压路机向前滚动将正在前方第二合同段（甲公司）K8+140 通道涵处施工的被害人庹某某当场碾压身亡。事故发生后，赵某某、周某某当日被传唤归案。经甲司法鉴定所鉴定：涉案压路机制动系统存在安全隐患。经乙司法鉴定所鉴定：死者庹某某符合生前遭受重型机械碾压致中枢性、呼吸循环衰竭死亡。经深圳市某区应急管理局一般事故调查组认定：赵某某对此起事故发生负有主要责任，周某某负有直接责任。案发后，某建设公司赔偿了被害人庹某某家属的经济损失。

根据在案鉴定意见，事发压路机转向系统未检见安全隐患。作为压路机所有人，赵某某对压路机的安检、使用负有责任，另根据赵某某和分包公司的约定，压路机的司机聘请管理和压路机维修保养由赵某某负责。

【案件焦点】

重大责任事故犯罪案件中，各犯罪主体的罪责应如何认定。

【法院裁判要旨】

广东省深圳市罗湖区人民法院经审理认为：赵某某、周某某无视国家法律，在生产、作业中违反相关安全管理规定，因而发生重大伤亡事故，犯罪事实清楚，证据确实、充分，已构成重大责任事故罪。赵某某、周某某犯罪以后自动投案，如实供述自己罪行，是自首，可以从轻处罚。辩护人关于赵某某、周某某具有自首的辩护意见，经查，赵某某接到事故消息后到达现场配合调查，周某某在事故发生后，一直在现场配合调查，两人在公安机关抓捕时无拒捕行为，到案后能如实供述自己罪行，可以认定自首，辩护人的该辩护意见与事实相符，予以采纳。赵某某、周某某在审查起诉阶段签署认罪认罚具结书，可以依法从宽处理。辩护人关于赵某某、周某某具有认罪认罚从轻情节的意见与事实及法律相符，予以采纳。某建设集团深圳市东部过境高速公路第六标段项目部与被害人家属达成赔偿协议，可以酌情对赵某某、周某某从轻处理。公诉机关的量刑建议适当，予以采纳。

广东省深圳市罗湖区人民法院依照《中华人民共和国刑法》第一百三十四条第一款、第六十七条第一款之规定，判决如下：

一、被告人赵某某犯重大责任事故罪，判处有期徒刑一年六个月。

二、被告人周某某犯重大责任事故罪，判处有期徒刑一年六个月。

赵某某不服一审判决，提出上诉。广东省深圳市中级人民法院经审理认为：

赵某某的行为确已构成重大责任事故罪。赵某某系涉案压路机所有人和本案路段压路机作业的管理人员，其不仅应对压路机的安全情况尽到注意义务，而且要对操作人员执业资质情况负直接责任，基于上述分析意见，赵某某所应负的责任应当重于周某某，原审量刑已属偏轻。赵某某既已签署了认罪认罚具结书，却又不服所判刑罚，称其有老人、孩子需要照顾，却未想过死者的老人、孩子是否需要照顾，周某某的老人、孩子是否需要照顾。关于赵某某的其他量刑情节，原审已予考量，对赵某某及周某某所处刑罚亦在法定幅度范围之内。赵某某及其辩护人的意见不能成立，不予采纳。

广东省深圳市中级人民法院依照《中华人民共和国刑事诉讼法》第二百三十六条第一款第（一）项之规定，裁定如下：

驳回上诉，维持原判。

【法官后语】

危害生产安全犯罪往往涉案人员较多，犯罪主体复杂，既包括直接从事生产、作业的人员，也包括对生产、作业负有组织、指挥或者管理职责的负责人、管理人员、实际控制人、投资人等，有的还涉及国家机关工作人员渎职犯罪。对相关责任人的处理，要根据事故原因、危害后果、主体职责、过错大小等因素，综合考虑全案，正确划分责任，做到罪责刑相适应。多个原因行为导致生产安全事故发生的，在区分直接原因与间接原因的同时，应当根据原因行为在引发事故中所具作用的大小，分清主要原因与次要原因，确认主要责任和次要责任，合理确定罪责。

具体到本案中，导致事故的直接原因有二：一是涉案压路机制动系统存在安全隐患；二是压路机操作人员无证驾驶、缺乏经验，在压路机具备转向功能情况下并未将压路机转向。除压路机操作人员存在过错应当承担责任外，涉案压路机的所有人和案发路段"石粉压实"作业的管理和监理人员，对车辆安全情况和驾驶人执业资质情况未尽到法定职责以及相应注意义务，导致事故发生的，也应当承担责任。人命关天，相关单位和人员更应当深入剖析反思，改革完善管理制度，力求每一个不该无辜丧命的人免遭横祸。本案中，周某某对自己无证操作、操作不当承担责任；赵某某则对周某某无证操作、车辆存在安全隐患承担责任。赵某某的责任大于周某某的责任。

本案一审未对两名被告人的责任进行具体分析确认，对赵某某的量刑偏轻。基于上诉不加刑原则，且一审量刑亦在法定量刑幅度范围之内，故对本案予以维持。

编写人：广东省深圳市中级人民法院　涂俊峰　陈倩

11

借款时是否具有非法占有目的的认定

——胡某军诈骗案

【案件基本信息】

1. 裁判书字号

辽宁省本溪市中级人民法院（2020）辽05刑终112号刑事裁定书

2. 案由：诈骗罪

【基本案情】

被告人胡某军虚构与其合伙投资某商贸公司从国外购买医疗器械再卖给某医院能够获得高回报收入的事实，于2018年5月28日，在本溪市平山区东明骗取被害人钟某、马某人民币100万元，胡某军与马某签订金额为人民币200万元的借款协议，协议约定还款期限为一年。后胡某军又虚构需要给某医院院长送钱方能尽快拨付医疗器械款项的事实，于2019年2月3日，在本溪市南芬区思山岭乡高家岭，骗取钟某、马某美元1万元，胡某军为马某出具借条一份，约定月末归还。案发后，经被害人报案，公安机关侦查，胡某军被抓获归案。

【案件焦点】

在借款时是否存在虚构借款事由及具有非法占有的目的认定。

【法院裁判要旨】

辽宁省本溪市平山区人民法院经审理认为：被告人胡某军以非法占有为目的，采用虚构事实，隐瞒真相的方法，骗取私人财物，数额特别巨大，其行为构成诈骗罪。对胡某军及其辩护人提出的胡某军没有非法占有被害人钱财的主观故意，与被害人之间属于民间借贷纠纷，不受刑法调整，指控胡某军构成诈骗罪的事实不清、证据不足的辩解、辩护意见，经查，在卷证实胡某军诈骗犯罪事实成立的主要证据除了两名被害人的陈述之外，还有与被害人、被告人均相识的证人詹某铎、黄某武的证言佐证，两名证人均间接地证实了钟某是以投资医疗器械的名义给付胡某军人民币 100 万元，而非借款。此外，还有钟某提供的其与胡某军之间多达二十余次的通话录音，该录音内容更为直接充分地证实胡某军以其虚构的投资医疗器械项目骗取被害人的信任，致使被害人陷入错误认识而主动交出钱财，虽然胡某军向被害人出具的是借款协议、借条，但双方并非形成民间借贷法律关系。直至现在，胡某军仍未退还被害人款项，亦不如实交代诈骗款项的去向，其主观上具有明显的非法占有的目的，客观上又实施了虚构事实，隐瞒真相骗取被害人钱财的行为，其行为完全符合诈骗罪的构成要件，公诉机关指控胡某军构成诈骗罪的犯罪事实清楚，证据确实、充分，足以认定，故对胡某军及其辩护人提出的无罪辩解及辩护意见不予采纳。对胡某军提出的其与钟某为了安抚马某，在双方串通后才在通话中假装谈论所借款项用于投资医疗器械项目的辩解意见，经查，在多次的通话录音中，胡某军已经明知马某并不在钟某身边，其完全没有必要再与钟某假装谈论该话题，但双方每次的通话录音从始至终均是谈论二人合伙投资医疗器械并如何催要投资款项等，而该辩解意见又与胡某军称其借款用来偿还债务的借款理由不一致，故足以证实胡某军提出的该点辩解意见不能成立。

辽宁省本溪市平山区人民法院依照《中华人民共和国刑法》第二百六十六条、第六十四条之规定，判决如下：

一、被告人胡某军犯诈骗罪，判处有期徒刑十二年，并处罚金人民币60万元。

二、责令被告人胡某军退赔被害人钟某、马某人民币100万元、美元1万元。

胡某军某不服一审判决，提出上诉。辽宁省本溪市中级人民法院认为原审判决认定事实清楚，证据确实、充分，定性准确，量刑适当，审判程序合法。裁定：驳回上诉，维持原判。

【法官后语】

本案的处理的重点主要有两点，一是胡某军在借款时是否存在虚构事实的情况，二是胡某军的行为否具有非法占有目的，即是民事欺诈还是刑事诈骗。本案中胡某军虽然给被害人打的是借条且没有写明借款原因，表面上看是民间借贷，那么所谓借款的真正原因是什么是认定本案的关键，对于是否存在虚构事实的情况，如果胡某军辩解属实，其以欠外债太多无力偿还为由借款。首先，虽然被害人与胡某军相识多年，但毕竟借款数额高达100万元，被害人已经明知胡某军对外欠外债无力偿还，在胡某军没有提供任何担保措施的情况下，被害人还出借100万元有悖常理。其次，从本案证据看，证人詹某铎、黄某武的证言都间接证实胡某军与钟某之间有投资医疗设备的事，特别是黄某武的证言，证实他陪同胡某军到钟某家专门谈论二人投资的事，此外本案中被告人与被害人之间多达20余次的通话录音，录音中胡某军都承认被害人拿的100万元是与其合伙购买医疗设备的钱不是借款，因此应当认定是胡某军虚构了事实骗取被害人进行投资，而非民间借贷。对于胡某军非法占用目的的认定，经查证胡某军所说的投资、共同投资人"建某杰"等这些都是虚构的，投资项目是编造的，其现拒不交代钱款去向，在主观上具有非法据为己有的故意，客观上又实施了诈骗的行为，其行为构成诈骗罪。

编写人：辽宁省本溪市平山区人民法院　初微

12

未经许可经营成品油行为的司法认定

——杨某等非法经营案

【案件基本信息】

1. 裁判书字号

浙江省温州市瓯海区人民法院（2019）浙 0304 刑初 851 号刑事裁定书

2. 案由：非法经营罪

【基本案情】

2018 年 10 月，被告人杨某伙同他人在某小区对面停车场未经许可经营加油点销售柴油，其中杨某负责过磅、拉油管、记账等事务。2018 年 11 月 8 日上午，公安机关查获该加油点，当场抓获杨某，以及从该加油点购进柴油再加价对外销售的被告人高某、苗某、张某、刘某、曾某、李某等人。经查，2017 年 10 月至 2018 年 11 月，各被告人对外销售柴油金额 20 万元至 196 万元不等。案发后，公安机关查获并扣押涉案柴油，经鉴定其闭杯闪点>60℃。

公诉机关认为杨某等人违反国家规定，未经许可经营行政法规规定的专营产品柴油，扰乱市场秩序，其中杨某、张某、苗某属于情节特别严重，高某、刘某、曾某、李某属于情节严重，其行为均触犯了《中华人民共和国刑法》第二百二十五条第（一）项之规定，犯罪事实清楚，证据确实、充分，应当以非法经营罪追究其刑事责任，并建议判处各被告人一年三个月至六年不等有期徒刑。

各被告人对公诉机关指控的犯罪事实及适用的法律均无不同意见，并均签署认罪认罚具结书；各辩护人对公诉机关指控的犯罪事实及适用的法律均无不同意见，其中张某、苗某的辩护人提出罪轻意见，杨某、高某、刘某、曾某、李某的辩护人提出罪轻及缓刑意见。

【案件焦点】

本案各被告人是否构成非法经营罪。

【法院裁判要旨】

浙江省温州市瓯海区人民法院经审理认为：2019 年 8 月 27 日发布的《国务院办公厅关于加快发展流通促进商业消费的意见》第十七条明确规定，扩大成品油市场准入。取消石油成品油批发仓储经营资格审批，将成品油零售经营资格审批下放至地市级人民政府，加强成品油流通事中事后监管，强化安全保障措施落实。2020 年 7 月 1 日，为深化落实“放管服”改革工作的要求，商务部废止了《成品油市场管理办法》。根据上述法律适用的变化，涉案柴油不再属于国家所明确的限制买卖的物品，各被告人的行为不应再评价为非法经营罪。一审期间，公诉机关以法律、司法解释发生变化导致不应当追究各被告人刑事责任为由，撤回对各被告人的起诉。法院认为，公诉机关申请撤回起诉，符合法律规定，予以准许。

浙江省温州市瓯海区人民法院依照《最高人民法院关于适用〈中华人民共和国刑事诉讼法〉的解释》第二百四十二条之规定，裁定如下：

准许浙江省温州市瓯海区人民检察院撤诉。

【法官后语】

在本案的审理过程中，法律适用发生了上述重大变化，对未经许可零售涉案成品油的行为如何处理争议较大，主要存在以下两种意见。

第一种意见认为，《国务院办公厅关于加快发展流通促进商业消费的意见》是取消了批发仓储成品油的经营资格审批，但并未取消零售的经营资格审批，而仅是将审批权下放至地市级人民政府，即零售成品油的行为仍然是需要经过审批，本案各被告人在未取得许可的情况下经营成品油，严重扰乱市场秩序，仍然构成非法经营罪。

第二种意见认为，《国务院办公厅关于加快发展流通促进商业消费的意见》取消了成品油批发仓储经营资格审批，成品油的行政管理模式从事前审批变为事中事后监管，零售虽仍需审批，但举重以明轻，零售成品油应认定为一般的许可项目，成品油不再作为我国限制买卖的物品，零售成品油的行为不构成非法经营罪。

笔者赞同第二种意见，认为涉案柴油不再属于国家所明确的限制买卖的物品，各被告人的行为不应再评价为非法经营罪，具体评析如下。

1. 未经许可经营成品油行为以往的认定思路

非法经营罪指违反国家规定，扰乱市场秩序，情节严重的行为。具体有四类，经营成品油涉及第一类行为即“未经许可经营法律、行政法规规定的专营、专卖物品或者其他限制买卖的物品”。

《中华人民共和国刑法》第九十六条将“国家规定”明确为全国人民代表大会及其常务委员会制定的法律和决定，国务院制定的行政法规、规定的行政措施、发布的决定和命令。未经许可经营成品油行为所违反的国家规定，涉及《国务院对确需保留的行政审批项目设定行政许可的决定》（以下简称《行政许可决定》），其中附有《国务院决定对确需保留的行政审批项目设定行政许可的目录》（以下简称《行政许可目录》），《行政许可目录》第一百八十三项将“石油成品油批发、仓储、零售经营资格审批”确定为需要保留的行政审批项目。商务部《成品油市场管理办法》对设定《行政许可决定》作出了进一步的细化，详细规定了成品油批发、仓储、零售取得经营许可的流程。未经许可经营成品油的行为违反了上述国家规定，但这只是前提条件，成立非法经营罪尚需符合客观要件，即成品油必须是专营专卖或者限制买卖的物品。

根据上述分析，未经许可经营成品油的行为，若达到法定的构罪标准，应以非法经营罪论处，这是以往的认定思路。

2. 新规下未经许可经营非危险化品性质成品油的行为不宜再认定为非法经营罪

成品油是指汽油、柴油及其他符合国家产品质量标准、具有相同用途的乙醇汽油和生物柴油等替代燃料。其中，汽油以及闭杯闪点≤60℃的柴油在《危险化学品名录》中，《危险化学品安全管理条例》第三十三条规定，国家对危险化学品经营实行许可制度。未经许可，任何单位和个人不得经营危险化学品。对于该类成品油，因其可能危害公共安全之属性，属于国家严格管制之列，需要国家特许经营，故仍然属于限制买卖的物品。行为人若未取得危险化学品经营许可证而经营上述成品油，侵害了国家对特定物品的管理秩序，达到构罪标准的，新规下仍然应继续以非法经营罪论处。

本案中涉案柴油经鉴定闭杯闪点>60℃，不属于危险化学品，各被告人的行为是否继续构成非法经营罪，关键在于该类非危险化学品性质成品油在新规下是否仍然认定为《中华人民共和国刑法》第二百二十五条第（一）项所规定的限制买卖的物品。所谓限制买卖的物品，是指国家在一定时期实行限制性经营的物品[①]。《中华人民共和国刑法》第二百二十五条第（一）项规定将限制买卖的物品与专营、专卖物品相并列，根据刑法的同类解释原则，应理解为国家对买卖活动实行严格管制的物品。本案中，涉案柴油闭杯闪点>60℃，不属于危险化学品，是否仍然属于国家严格管制之列，笔者持否定态度。本案在审理过程中，有意见认为成品油的零售行为仍然需要审批，那么成品油就仍然应当属于限制买卖的物品。该理解是不正确的，非法经营罪具有违反行政许可的行政违法性，然而，并非违反行政许可的行为一概均构成非法经营罪。限制买卖的物品，必须有相应的国家规定予以明确。目前《国务院办公厅关于加快发展流通促进商业消费的意见》已经明确扩大了成品油市场准入，成品油的批发、仓储从原先需要商务部审批变为无须审批，那么在批发、仓储的语境下，成品油已经不是我国所限制经营的物品，若在零售的语境下，成品油又认定为

---

① 陈兴良：《违反行政许可构成非法经营罪问题研究——以郭某分装农药案为例》，载《政治与法律》2018年第6期。

限制经营的物品，不符合刑法的同一性，因此涉案柴油不应再属于限制买卖的物品。

在市场经济条件下，尤其在国务院目前“放管服”的新规下，非法经营罪的使用应当保持谦抑性，不能过度宽泛适用，否则会混淆行政违法和刑事违法的界限。对于本案存在的行政违法行为，更适宜由主管部门进行行政处罚，而不宜再认定为非法经营罪。

编写人：浙江省温州市瓯海区人民法院　毛小雨

13

“因公”滥用职权行为的定性与刑罚必要性的考量

——罗某利滥用职权案

【案件基本信息】

1. 裁判书字号

浙江省温州市中级人民法院（2021）浙03刑终71号刑事裁定书

2. 案由：滥用职权罪

【基本案情】

2015年至2018年，陈某乐纠集社会闲散青年，在某镇组成相对固定的恶势力犯罪集团，多次实施寻衅滋事等犯罪行为，造成恶劣的社会影响。2017年5月11日，陈某乐帮朋友向徐某涛讲情，让其宽限朋友还欠款的期限，但遭到拒绝并发生口角，陈某乐认为对方不给其面子，便纠集十余人持刀、棍对徐某涛手机店大门进行打砸，并向店内扔刀、棍和石头，造成店内徐某涛的二位朋友受伤、电脑等财物被砸毁的后果（此案以下简称“陈某乐案”）。

某镇派出所接警后处置并指派罗某利作为“陈某乐案”的主办民警，时任该派出所所长的张某某过问“陈某乐案”并让罗某利对陈某乐给予“照顾”。2017 年 6 月 5 日，陈某乐持“调解协议书”来到某镇派出所，罗某利明知“陈某乐案”根据相关规定不能调解结案，在接受“调解协议书”并对陈某乐进行简单询问后予以“教育释放”，后于同年 6 月 8 日以“因该案嫌疑人案后一直在逃，且案情复杂，证据无法短时间内取得，无法在三十日内办结”为由延长办案期限，于同年 7 月 10 日以“嫌疑人未到案”为由制作《不能按期结案说明书》，且于此后未继续查办“陈某乐案”，致使陈某乐等多人未被及时追究法律责任，此后以陈某乐为首要分子的恶势力犯罪集团进一步发展并实施了开设赌场等犯罪行为。

2018 年，某县公安局在梳理研判黑恶线索过程中发现陈某乐等人涉嫌系恶势力犯罪集团及“陈某乐案”未结案（后依法转为刑事案件查处）。后陈某乐等人因犯寻衅滋事罪（包括“陈某乐案”）等被判处有期徒刑一年至有期徒刑五年六个月等刑罚。

【案件焦点】

罗某利“因公”滥用职权的行为如何定性，对其予以刑事处罚的必要性如何考量。

【法院裁判要旨】

浙江省温州市瓯海区人民法院经审理认为：罗某利身为国家机关工作人员，不正确行使职权，导致陈某乐等多人未被及时追究法律责任等结果发生，造成恶劣的社会影响，其行为已构成滥用职权罪，公诉机关指控的罪名成立，罗某利及辩护人提出其无罪的意见不予采纳。基于本案的犯罪情节、社会危害性及罗某利的认罪态度等综合因素考虑，依法对其不宜免予刑事处罚，辩护人提出本案即使构罪亦应免刑的意见不予采纳；但公诉机关提出判处其有期徒刑一年四个月至一年七个月的量刑建议过重，予以调整。

浙江省温州市瓯海区人民法院依照《中华人民共和国刑法》第三百九十七条第一款之规定，判决如下：

被告人罗某利犯滥用职权罪，判处有期徒刑十个月。

罗某利持原审辩解提出上诉，公诉机关以一审判决量刑畸轻为由提出抗诉。浙江省温州市中级人民法院经审理认为：罗某利身为国家机关工作人员，不正确行使职权，导致陈某乐等多人未被及时追究法律责任，造成恶劣的社会影响，其行为已构成滥用职权罪。浙江省温州市人民检察院关于撤回抗诉的要求，没有违反法律规定，予以准许。原判定罪准确，量刑适当，审判程序合法，予以维持；罗某利及其辩护人的上诉意见和理由不予采纳。

浙江省温州市中级人民法院依照《中华人民共和国刑法》第三百九十七条第一款和《中华人民共和国刑事诉讼法》第二百三十六条第一款第（一）项，《最高人民法院关于适用〈中华人民共和国刑事诉讼法〉的解释》第三百八十五条、第三百八十六条之规定，裁定如下：

准许浙江省温州市人民检察院撤回抗诉；驳回上诉，维持原判。

【法官后语】

本案争议焦点是“因公”滥用职权行为的定性及刑罚的必要性。对此，分析如下。

1. “因公”滥用职权行为所涉嫌的罪名

《最高人民法院、最高人民检察院关于办理渎职刑事案件适用法律若干问题的解释（一）》第二条规定，“国家机关工作人员滥用职权或者玩忽职守，因不具备徇私舞弊等情形，不符合刑法分则第九章第三百九十八条至第四百一十九条的规定，但依法构成第三百九十七条规定的犯罪的，以滥用职权罪或者玩忽职守罪定罪处罚”。2003 年 11 月 13 日施行的《全国法院审理经济犯罪案件工作座谈会纪要》指出，“国家机关工作人员为了本单位的利益，实施滥用职权、玩忽职守行为，构成犯罪的，依照刑法第三百九十七条第一款的规定定罪处罚”。因此，行为人“徇私”或是“因公”所涉嫌的都是滥用职权罪。

2. 罗某利的行为是否构成犯罪

滥用职权罪是指国家机关工作人员超越职权，违法决定、处理其无权决定、处理的事项，或者违反规定处理公务，致使公共财产、国家和人民利益遭受重大损失的行为。(1)罗某利是否有上述客观行为和主观故意。根据相关规定，“陈某乐案”符合应予立案追诉标准，而罗某利依法应开展侦查且不得调解处理此案，故其行为符合构罪的客观要件。滥用职权罪的主观是故意，不管行为人是为了自己的利益还是他人利益，都不影响构罪；罗某利具有法学大学文化，接受过相关警务培训，并有十二年派出所工作经历且有主办类似案件的经验，其客观行为亦反映主观存在犯意，故应认定其基于领导“过问”、提出“照顾”等原因而故意为之。(2)罗某利的行为是否致使公共财产、国家和人民利益遭受重大损失。根据《最高人民法院、最高人民检察院关于办理渎职刑事案件适用法律若干问题的解释（一）》规定，认定滥用职权罪中“致使公共财产、国家和人民利益遭受重大损失”的情形包括“造成恶劣社会影响的”。罗某利的行为背离了人民群众对公安工作的现实需求和愿望，结合“陈某乐案”犯罪行为的社会危害性，这已严重损害国家机关的正常活动和声誉，足以认定其行为“造成恶劣的社会影响”。此外，滥用职权行为与造成的恶劣社会影响之间的因果关系错综复杂，有直接、间接原因，有主要、次要原因，有领导者、直接责任人员的责任；实践中，应根据刑法因果关系的原理，通过分析行为人的行为导致结果发生的可能性大小、介入因素对结果发生的作用大小、介入因素的异常程度等来判断行为人的行为与结果之间是否存在因果关系。罗某利作为“陈某乐案”的主办民警是直接责任人员，其滥用职权行为是导致“造成恶劣社会影响”的直接原因、主要原因，据此足以认定其“滥用职权”的行为与“造成恶劣社会影响”的结果之间有必然因果联系，具有刑法上的因果关系。

3. 对罗某利予以刑罚的必要性考量

《中华人民共和国刑法》第三十七条规定：“对于犯罪情节轻微不需要判处刑罚的，可以免予刑事处罚……”故只有犯罪的性质、情节及危害后果都很轻，罪犯的认罪、悔罪态度好等条件同时具备才能免予刑事处罚。罗某利的行为造成恶劣社会影响且其拒不认罪，不符合免予刑事处罚的法定条件。对于量刑，参照《最高人民法院关于常见犯罪的量刑指导意见》确定的量刑指导原则，结合全案情况客观分析其作为直接责任人员应承担的责任，以及当前的刑事政策、社会形势，参考关联案件处理（“陈某乐案”参与者被判处有期徒刑一年）、同地区同时期相似判例（某民警因领导要求而未侦办案件构成徇私枉法罪，因有自首等情节于2019年被判处有期徒刑九个月），并充分考虑各种量刑情节及其主观恶性、认罪态度等因素，判处罗某利有期徒刑十个月是罚当其罪，确保了罪责刑相适应，更实现了裁判的法律效果和社会效果、政治效果有机统一。

编写人：浙江省温州市瓯海区人民法院　潘小华

14

金融不良资产不能作为诈骗罪的犯罪对象

——王某诈骗案

【案件基本信息】

1. 裁判书字号

内蒙古自治区高级人民法院（2020）内刑终123号刑事裁定书

2. 案由：诈骗罪

【基本案情】

内蒙古自治区呼和浩特市中级人民法院经公开审理查明：2016年1月22日，公安部将甲资产管理公司呼和浩特市办事处（以下简称甲公司）被举报涉嫌经济犯罪的线索移交给内蒙古公安厅进行审查。内蒙古公安厅对甲公司展开初查并于2016年3月25日以涉嫌犯国有公司、企业、事业单位人员失职罪对该单位相关工作人员立案侦查（另案处理）。初查中发现，为甲公司代理诉讼追偿业务的律师王某于2013年4月8日以他人名义在北京注册成立乙投资顾问公司（以下简称乙公司），并以该公司名义购得甲公司涉案债权进行诉讼追偿，案件举报人被列为诉讼追偿案件的被告人，从而引发此案。2016年8月11日，内蒙古公安厅对王某立案侦查，发现王某于2009年3月4日以他人名义在北京注册成立丙投资顾问公司（以下简称丙公司），并以该公司名义购得其代理诉讼追偿业务的丁资产管理公司（以下简称丁公司）一笔5户债权的债权包，并以丙公司名义进行追偿，具体事实如下。

1. 王某购买甲公司金融不良债权的事实

戊公司于2000年12月从某银行海淀区支行贷款2950万元，到期未能偿还。该行于2002年8月9日经过司法程序胜诉后因无财产可供执行，于2004年6月28日将上述债权剥离给己资产管理公司北京办事处（以下简称己公司），己公司于同年11月29日将该债权转让给庚资产管理公司北京办事处（以下简称庚公司），庚公司于2011年6月5日将该债权转让给丁公司，丁公司于同年7月5日转让给甲公司。甲公司取得该债权后，成立了项目组并于2012年6月15日与某律师事务所签订了《一般风险代理协议》，由王某律师团队代理该债权的诉讼追偿。甲公司于2012年7月6日向北京市第一中级人民法院提出申请追加戊公司的6位股东（公司）为申请被执行人。该案件执行法官告知王某团队：除A公司（其中1位股东）可能存在出资不实的情况外，如果想追究其他公司责任，应向法院另行提出诉讼而不是在执行程序中提出追加申请。王某团队成员彭某萍律师于2013年3月12日作出情况说明，并将上述情况告知了甲公司，凌某律师于2013年3月13日通过邮箱发给王某一份与上述内容相符的情况说明，王某未将凌某发给他的该份情况说明转给甲公司。甲公司于2013年11月18日在某金融资产交易所挂牌转让该不良资产债权。王某控制的乙公司于同年12月6日以195万元的价格购得该债权并进行诉讼追偿。内蒙古公安厅立案侦查后，甲公司经与王某协调，乙公司于5月13日将该债权退还给甲公司。

2. 王某购买丁公司债权包5户债权的事实

丁公司于2007年12月19日从庚公司受让了一批银行不良资产债权包。2008年4月3日，丁公司与庚公司约定，共同成立辛资产管理公司（以下简称辛公司），系丁公司子公司，受丁公司委托处置不良资产，以庚公司名义进行诉讼追偿。2007 年 12 月 12 日至 2011 年 6 月 7 日，某律师事务所与丁公司签定了相关债权《专项法律事务顾问合同》等协议，王某作为某律师事务所指派律师，为实现 5 户债权提供法律服务。2009 年 9 月 1 日，辛公司诉求 B 公司（其中 1 户债务人）股东的股东壬能源集团（以下简称壬集团）承担 B 公司债务连带清偿责任，偿还本息等共计 6680 余万元。2010 年 3 月，壬集团与辛公司债权负责人陈某术、袁某标以及王某多次协商以租金抵顶债务问题，被辛公司否决。后王某提出通过其个人能力和社会关系为壬集团介绍引进癸资产管理公司（以下简称癸公司）融资的方式间接解决该户债务人债务的设想，但能否实现尚不能确定。2010 年 6 月 7 日、8 月 12 日，王某以其控制的丙公司向辛公司提出收购 5 户债权包的请求并提交相关材料。7 月 22 日，辛公司收到王某递交的丙公司收购意向函，陈某术、袁某标根据该收购意向函起草了《关于不良债权项目组包转让处置预案的请示》，层报丁公司并获得同意。9 月 26 日，寅能源投资公司（以下简称寅公司）、卯科技发展公司（以下简称卯公司）与丙公司采取围标的形式，向丁公司提出收购 5 户债权包的意向函，丙公司支付保证金 900 万元。次日，寅公司与丁公司签定了资产转让合同，取得 5 户债权。2011 年 7 月 25 日，寅公司与丙公司签订资产转让合同，将债权包转让给丙公司，王某支付收购款 1500 万元。壬集团与癸公司在 2011 年 6 月、11 月两次签约，12 月 30 日实施债权投资计划。丙公司于 2011 年 12 月 29 日与壬集团及其下属电厂协商并签订《财务顾问协议》；2012 年 1 月 6 日至 4 月 26 日收取壬集团下属三家电厂支付服务顾问费 2520 万元。2015 年 11 月 26 日丙公司经司法程序取得另外 1 户债务人房屋一套的产权证。其他 3 户债权至案发均未实现。

【案件焦点】

被告人王某的行为是否构成诈骗罪。

【法院裁判要旨】

内蒙古自治区呼和浩特市中级人民法院经审理认为：在甲公司案件中，王某虽未将应诉讼追偿的内容及时告知甲公司，但王某团队的彭某萍、凌某已告知了甲公司，因此王某的行为与甲公司对外转让该笔债权的自愿行为和价值判断没有必然的因果关系。即使王某受让甲公司债权的行为构成诈骗，但因王某在立案前已经将取得的债权全部返还甲公司，甲公司未受到损失，王某的行为因最终未取得财物不构成诈骗罪。

在丁公司案件中，王某在代理诉讼追偿丁公司涉案不良资产债权包事宜时，已经过诉讼、执行等司法程序，并就其所代理债权在短期内无法实现的情况向委托人丁公司及辛公司出具了法律意见书，在其受让该债权包时，5户不良债权在短期内无法实现系客观存在。因此，丁公司按照处置不良资产债权的原则、程序公开对外转让涉案债权包并非基于错误认识处置财产。王某实际取得不良资产债权后如何实现、实现多少，与丁公司已没有任何关系。如果因不良资产人收购获得较好的债权收益就要追究其刑事责任，势必会扩大刑法的打击范围，突破其立法本意，属于以刑事手段插手经济纠纷的情形。就涉案债权包中B公司债权的实现，是王某和丁公司相关领导与B公司股东的母公司壬集团谈判协商以房屋租金抵顶债务的方案被丁公司否决，王某在其实际控制的公司受让取得债权包所有权后，通过自己的社会关系和业务水平，经过努力最终以收取财务顾问服务费的方式变相抵顶实现，与丁公司在委托王某代理该户债权就一定能实现的愿望没有因果关系；后1户债权的实现，虽是王某取得债权包以后，通过法院司法程序最终将查封在案的住宅执行取得，但在案证据不足以证实王某在收购该债权包前就已经知道被查封房屋的基本状况，故不存在隐瞒真相的事实；其他3户债权至案发均未实现，也就无法认定王某骗取的具体数额。且在案证据能够证实丁公司按照处置金融不良资产实现债权的比例计算并未亏损，因此王某以其实际控制的丙公司受让丁公司债权包的行为，虽有不符合常理之处，但并不能排除合理怀疑，达到认定刑事犯罪证据的唯一性，因此不符合诈骗罪的构成要件，王某依法不构成诈骗罪。

内蒙古自治区呼和浩特市中级人民法院依照《中华人民共和国刑事诉讼法》第二百条第（二）项、第（三）项的规定，判决被告人王某无罪。

宣判后，内蒙古自治区呼和浩特市人民检察院以“王某故意隐瞒关键性事实，导致甲公司和丁公司对涉案债权的法律状态和价值产生错误认识，最终以低价将债权实际转让给王某，造成经济损失，王某行为构成诈骗罪”为由，提起抗诉，内蒙古自治区人民检察院支持抗诉。

内蒙古自治区高级人民法院经审理认为：被告人王某的两起涉案事实均不构成诈骗罪，理由如下。

1. 关于戊公司债权的事实

甲公司因戊公司6位股东中的1位股东A公司可能存在出资不实的情况，已申请法院追加6家公司为被执行人，在案证据证实甲公司在转让债权前，明知该股东应承担债务责任的相关事实，王某查找到戊公司股东出资不实问题并告知甲公司，已尽到代理律师的提示义务，不存在隐瞒真相的行为。王某将债权的追偿线索告知甲公司，甲公司在执行程序中申请追加6家公司，不存在因王某的欺骗陷入错误认识。甲公司之所以做出拍卖债权的处分决定，是因为已对该股东偿债可能性大小作出内部评估，其确实并无偿债能力，而且从法律角度，要求其他股东为其承担出资不实的连带责任也不可能实现。甲公司并未因王某的行为而陷入错误认识，甲公司转让债权的处分行为与王某行为不具有因果关系。

2. 关于B公司等5户债权的事实

B公司债权的委托代理协议规定，丁公司委托某律师事务所提供专项法律服务，并不涉及委托资产实体权利处分的事项，王某引进投资计划的行为不属于代理债权的工作职责范围。另外，王某虽然借用辛公司的名义与壬集团谈判，借助的是丁公司的平台，但投资计划、项目引进、与投资方协商均是依靠王某个人能力促成，丁公司和辛公司均未实质参与，而劳务顾问费用具有专属性，应归于真正促成投资的王某本人。王某行为的不当之处在于利用被委托人的平台为自己代理，属违背诚信的行为，而并非是未将自己的工作成果告知丁公司的行为。

辛公司转让B公司等5户债权的处分决定，并非是因为王某隐瞒投资谈判进展所导致，二者之间没有必然因果关系。辛公司在知悉B公司项目中存在壬集团滥用股东权力的情况，且应承担B公司债务的线索后，曾拟对壬集团提起诉讼，但最终放弃诉讼途径而采用了拍卖债权方式，是因为综合考量后，王某出价1500万元收购债权，可使该债权实现极高盈利率，并能及时回笼资金。在丁公司转让债权时，无证据证明该融资计划一定能够成功，无法认定王某的隐瞒行为必然导致丁公司损失。1500万元出售债权完全由丁公司定价，虽然王某通过控制的丙公司对丁公司债权售价进行建议，但最终还是由丁公司定价，1500万元出售债权盈利率高达100%以上，王某以此价格购买，不存在王某造成丁公司损失问题。

综上，王某以其实际控制的公司购买其代理追偿的不良债权，违反金融资产相关法律规定，但其行为不构成诈骗罪。检察机关认为王某隐瞒事实，甲公司及丁公司因王某的行为陷入错误认识，做出财产处分决定从而造成损失的抗诉意见无事实法律依据，不予采纳。

内蒙古自治区高级人民法院依照《中华人民共和国刑事诉讼法》第二百三十六条第一款第（一）项之规定，裁定如下：

驳回抗诉，维持原判。

【法官后语】

本案系将金融不良债权交易作为诈骗罪的案件，争议焦点在于被告人王某的行为是否构成诈骗罪，按照审理诈骗案件的研判思路，主要应从诈骗罪的犯罪构成要件评价涉案行为，而本案中最为关键的争议焦点在于金融不良资产能否作为诈骗罪的犯罪对象，要判断这一问题，就需结合金融不良资产的定义、性质和特点予以考量。

金融不良资产是指处于非良好经营状态的，不能及时给银行带来正常利息收入甚至难以收回本金的银行资产，主要指不良贷款，也称不良债权。点其特点有：（1）没有确定价值，因为没有明确财产线索、责任方无清偿意愿和能力、通过正常法律催收程序难以清偿，是否具有清偿可能性等难以预计，购买方买到的是继续向责任方主张债权的机会以及实现债权的不确定利益和债权无法获得清偿的风险，不是已取得了或者日后必然会取得特定的清偿金额。(2)交易价格由买卖双方商定，实质是在各自判断债权日后清偿可能性，不同的人去评价同一债权的价值都不同，不良债权的经济价值还与“时间点”密切相关，无法准确判断某一个因素对交易价格的具体影响，也无法预测可能会造成多少经济损失。(3) 允许受让人获利是不良债权交易市场能够存在的基石，受让人在购买后可能有新发现的财产线索，或依据自身能力整合多种社会资源创设新的解决方案，是在承担交易成本和风险后合法获取利润，除了债权本身的价值，还附加了受让人自身能力的价值体现。(4) 交易价格大多数远低于账面本息金额，原因是债务人没有清偿能力、拒不履行清偿义务，导致债权的可变现价格与本息金额差异巨大。具体到本案中，涉案债权在交易前，已经发生多次转让，前手己公司、庚公司、甲公司对戊公司项目的判断是“无法估计实际回收情况”，己公司、庚公司、丁公司对5户债权的判断是“难以获得清偿”。

综合以上特点，可以分析出不良债权的性质特点：它不是实实在在价值确定的财物，其追偿方式多数以诉讼实现，因其具有“不良”的性质，即使有了法院的生效判决，也仅是法律意义上的追偿可能性而已，严格讲只是一种无法确定数额的财产性利益，所以我国法律并没有明确规定对不良债权的价值进行确定的依据。反观本案，侦查机关委托鉴定机构将交易日作为基准日作出了两份评估报告，而鉴定人员出庭证实，做出评估结果的前提是假设债务人能够及时清偿并有足够的清偿意愿，但这种假设不成立，不符合不良债权性质特点，不良债权在不同的权利人手中具有不同的价值，不能因为其他人将不良债权实现了较高比例的追偿，就认为所有人都可以实现，因此不能以评估方式来确定不良债权的价值，也更不应以评估价值认定犯罪数额。从性质来讲，不良债权也不能成为诈骗罪的犯罪对象，因为诈骗罪犯罪对象限于“能够确定客观经济价值的财物”，而不良债权既非财物，更不能确定客观价值，将“不良债权交易行为”作为诈骗罪处理，没有法律依据。

另外，诈骗罪的成立还需被害人受到损失，而本案中甲公司和丁公司的损失数额无法确定，在王某被立案前已将债权退还给甲公司，甲公司被认为没有受到损失，丁公司以购买和出售涉案债权的价格计算，不仅无损失，盈利率高达 100%以上，因此无法认定甲公司和丁公司因王某行为受到损失。基于以上综述，王某以其实际控制的公司购买其代理追偿的不良债权，确实违反金融不良资产转让相关法律规定，但其行为不构成诈骗罪。

编写人：内蒙古自治区高级人民法院　孙玺

内蒙古自治区呼和浩特市中级人民法院　杜子洋

（二）犯罪的预备、未遂和中止

15

非法经营行为既遂与未遂的区分

——汤某波、何某英、黄某辉非法经营案

【案件基本信息】

1. 裁判书字号

湖北省宜昌市猇亭区人民法院（2020）鄂 0505 刑初 26 号刑事判决书

2. 案由：非法经营罪

【基本案情】

2019 年年底，被告人汤某波违反国家烟草专卖管理法律法规，在未经烟草专卖行政主管部门许可，无烟草专卖零售许可证等许可证明的情况下，为谋利伙同被告人何某英非法从事烟草买卖活动，由汤某波联系广东省汕头、深圳等地的上线负责购买假冒伪劣卷烟，由何某英负责仓储及销售。2020 年 1 月 9 日，汤某波与被告人黄某辉联系购买假冒伪劣黄鹤楼（软蓝）卷烟 1050 条，并向黄某辉支付定金4万元，黄某辉再向上家转款并通过物流发货，黄某辉获违法所得7500元。2020年1月17日，汤某波、何某英被公安人员抓获，当日在宜昌市猇亭区某村汤某波父亲私房、猇亭区商业一街51号何某英门店及二楼住房、十堰市茅箭区白浪东路某商贸物流城、汤某波驾驶的车辆上分别查获假冒伪劣黄鹤楼（软蓝）、中华（软）、利群（新版）、中华（硬）、黄鹤楼（硬红）、芙蓉王（硬）等卷烟共计1594条。经鉴定，上述查获的卷烟均为假冒注册商标且伪劣卷烟，合计价值341760元。2020年5月25日，公安人员在广东省汕头市龙湖区某小区黄某辉家中将其抓获，现场查获假冒伪劣钻石（荷花）、利群（软长嘴）、中华（大中华）、中华（硬）等卷烟共计81条。经鉴定，上述查获的卷烟均为假冒注册商标且伪劣卷烟，合计价值48650元。

【案件焦点】

区分非法经营行为既遂与未遂的界限。

【法院裁判要旨】

湖北省宜昌市猇亭区人民法院经审理认为：被告人汤某波、何某英、黄某辉违反国家烟草专卖管理法律法规，未经烟草专卖行政主管许可，在无烟草专卖零售许可证等许可证明的情况下，非法经营烟草专卖品，其中汤某波非法经营假冒伪劣烟草1594条，价值341760元，情节特别严重；何某英作为汤某波的共犯非法经营假冒伪劣烟草1067条（不含查获的十堰市某商贸物流城的450条及汤某波驾驶车辆上的77条），价值225360元，情节严重；黄某辉非法经营假冒伪劣烟草1131条（出售给汤某波的1050条及从其家中查获的81条），价值248150元，情节严重，三被告人的行为均构成非法经营罪。公诉机关的指控成立。本案所查获的汤某波、何某英非法经营的烟草均未再销售且未流入市场，因汤某波、何某英意志以外的原因而被查获，汤某波、何某英的行为系非法经营未遂，可以比照既遂犯从轻或者减轻处罚。黄某辉的非法经营行为部分既遂，部分未遂。对查获的假冒伪劣烟草依法予以没收，由相关机关销毁。汤某波、何某英在共同犯罪中作用相当，不宜区分主、从犯，但何某英所起作用较小。

三被告人到案后均如实供述自己的罪行，系坦白，均自愿认罪认罚并已缴纳罚金，依法可以从轻处罚。前述情节于量刑时综合予以考量。公诉机关的量刑建议适当。鉴于汤某波、何某英、黄某辉的犯罪情节，三被告人均有悔罪表现，没有再犯罪的危险，宣告缓刑对其所居住社区没有重大不良影响，符合缓刑适用条件，依法对三被告人均宣告缓刑。

湖北省宜昌市猇亭区人民法院依照《中华人民共和国刑法》第二百二十五条第（一）项、第二十三条、第二十五条、第二十六条、第五十二条、第五十三条、第六十四条、第六十七条第三款、第七十二条、第七十三条，《最高人民法院、最高人民检察院关于办理非法生产、销售烟草专卖品等刑事案件具体应用法律若干问题的解释》第一条第五款、第三条第一款第（一）项、第二款第（一）项、第四条第（一）项、第六条，《中华人民共和国刑事诉讼法》第二百零一条规定，作出如下判决：

一、被告人汤某波犯非法经营罪，判处有期徒刑三年，缓刑五年，并处罚金人民币2万元。

二、被告人何某英犯非法经营罪，判处有期徒刑二年，缓刑三年，并处罚金人民币15000元。

三、被告人黄某辉犯非法经营罪，判处有期徒刑二年，缓刑三年，并处罚金人民币4万元。

四、对被告人黄某辉的违法所得人民币7500元予以追缴，上缴国库（已缴纳）。

五、对扣押在案的假冒伪劣烟草1675条依法予以没收，由相关机关销毁。

宣判后，被告人汤某波、何某英、黄某辉未上诉，湖北省宜昌市猇亭区人民检察院未抗诉，判决已发生法律效力。

【法官后语】

非法经营罪是我国刑法中一个重要罪名，《中华人民共和国刑法》第二百二十五条采用了兜底条款的立法方式，使得非法经营罪具有口袋罪的特征。在《中华人民共和国行政许可法》实施以后，违反行政许可的经营行为被认定为非法经营行为，并按照非法经营罪定罪处罚，由此使得非法经营罪的范围大为扩张。行政许可中存在普通许可和特别许可之分，违反普通许可只是一般的行政违法行为，只有违反特别许可才符合非法经营罪的违反国家规定的要件。因此，违反普通许可行为不能构成非法经营罪，违反特别许可并且符合《中华人民共和国刑法》第二百二十五条实体要件的才能构成非法经营罪。

1. 非法经营罪保护的法益

非法经营罪是指未经许可经营专营、专卖物品或其他限制买卖物品，买卖进出口许可证、进出口原产地证明以及其他法律、行政法规规定的经营许可证或者批准文件，以及从事其他非法经营活动，扰乱市场秩序，情节严重的行为。本罪侵犯的客体是国家限制买卖物品和经营许可证的市场管理制度；客观方面表现为前述行为达到情节严重程度；主观方面是故意，并且具有谋取非法利润的目的。本案中，汤某波、何某英、黄某辉违反国家烟草专卖管理法律法规，未经烟草专卖行政主管许可，在无烟草专卖零售许可证等许可证明的情况下，非法经营烟草专卖品，其中汤某波非法经营假冒伪劣烟草 1594 条，价值 341760 元，情节特别严重；何某英作为汤某波的共犯非法经营假冒伪劣烟草 1067 条，价值 225360 元，情节严重；黄某辉非法经营假冒伪劣烟草 1131 条，价值 248150 元，情节严重，三被告人的行为均构成非法经营罪。

2. 正确区分既遂与未遂的界限

犯罪未遂是指已经着手实行犯罪，由于犯罪分子意志以外的原因而未得逞。对于未遂犯，可以比照既遂犯从轻或者减轻处罚。如何区分既遂与未遂对本案各被告人的量刑有很大区别。本案所查获的汤某波、何某英非法经营的烟草均未再销售且未流入市场，因汤某波、何某英意志以外的原因而被查获，汤某波、何某英的行为系非法经营未遂，可以比照既遂犯从轻或者减轻处罚。黄某辉的非法经营行为部分既遂，部分未遂。故最后对汤某波减轻处罚，对被告人何某英、黄某辉从轻处罚。

编写人：湖北省宜昌市猇亭区人民法院 孙泽华

16

销售伪劣产品罪既未遂认定规则

——谭某销售伪劣产品案

【案件基本信息】

1. 裁判书字号

浙江省杭州市萧山区人民法院（2020）浙0109刑初1399号刑事判决书

2. 案由：销售伪劣产品罪

【基本案情】

2020年2月，被告人谭某明知其销售的口罩系“三无”口罩，仍将其中3万只口罩销售给邱某某，将16万只口罩销售给沈某某，销售金额共计65万余元。后该批口罩由谭某雇人从湖北省仙桃市运往杭州、上海欲交付给邱某某及沈某某。口罩交付过程中，张某等人（另案处理）以冒充杭州市某区市场监督管理局工作人员的方式对口罩运输货车进行检查并查扣上述19万只口罩，其中107500只口罩被张某等人占为己有，其余82500只口罩被杭州市某区市场监督管理局查获。经鉴定，上述口罩依据GB2626-2006标准，过滤效率不符合标准要求；依据YY/T0969-2013标准，细菌过滤效率不符合标准要求，系不合格产品。案发后，谭某已退还邱某某6.6万元。

【案件焦点】

进入销售阶段的伪劣产品因出现被他人“截胡”等介入因素未能如期完成“交付”时，犯罪既未遂应如何认定。

【法院裁判要旨】

浙江省杭州市萧山区人民法院经审理认为：谭某明知系不合格产品仍予以销售，销售金额在50万元以上，其行为已构成销售伪劣产品罪。公诉机关指控罪名成立。本案犯罪已着手实施，因意志以外的原因而未得逞，系犯罪未遂，可以比照既遂犯从轻或者减轻处罚。

浙江省杭州市萧山区人民法院依照《中华人民共和国刑法》第一百四十条、第二十三条、第五十二条、第五十三条、第六十四条之规定，判决如下：

一、被告人谭某犯销售伪劣产品罪，判处有期徒刑三年三个月，并处罚金330000元。

二、扣押在案的被告人谭某的作案工具手机一部，予以没收，上缴国库；扣押在杭州市某区市场监督管理局的口罩一批，予以销毁；尚未退出的被告人谭某的违法所得，依法予以追缴。

【法官后语】

被告人在特殊时期违法销售不合格口罩产品的犯罪行为被定为销售伪劣产品罪并无争议，但刑法分则和《最高人民法院、最高人民检察院关于办理生产、销售伪劣商品刑事案件具体应用法律若干问题的解释》对销售伪劣产品罪犯罪未遂均是从伪劣产品是否进入销售环节这一“节点”加以区分，并未对类似本案已经开始销售，但是尚未销售完成情形作出明确规定。此时如果“一刀切”地适用犯罪既遂认定无疑会对被告人造成罪刑不相适应，应当适用刑法总则中关于犯罪未遂的一般规定以及本罪尚未完成“交付”的行为特征等进行“漏洞”填补，对犯罪形态加以具体认定。也即对货物已进入销售阶段的，并不一概认定为犯罪既遂；对于尚未完成销售的，如果出现犯罪分子意志以外的原因未能实现“交付”，按照刑法总则规定认定为犯罪未遂。

从刑法条文上看。《中华人民共和国刑法》第二十三条规定犯罪未遂应当符合三个条件，即犯罪分子已经着手实行犯罪、犯罪未得逞以及犯罪未得逞是由于犯罪分子意志以外的原因。本案中销售伪劣产品的行为，案涉标的物已经在途，但实际仍由被告人占有、控制，所有权也并未转移给下家。介入因素的出现，使得被告人本想将劣质口罩卖给下家的计划落空，可以说是出现了谭某想卖而不能卖的情形，完全符合《中华人民共和国刑法》第二十三条的关于犯罪未遂的构成要件。

从行为特征上看。销售伪劣产品的行为本质是民商事买卖交易行为，其中销售行为指的是合同行为中的卖方卖出行为，其行为包括发出卖出要约、收取合同价款、交付货物标的等行为。其中，卖方最核心的就是“交付”标的物的行为。民商事法律对动产交付分为现实交付和拟制交付两种。刑法上两种交付形式均有可能出现，前者更为普遍，后者较为罕见，但无论哪一种形式，判断销售是否完成的核心仍是出卖人是否履行了“交付”标的物这一主给付义务。因此，可以从行为上简单判断，行为人将产品卖出去的为既遂，尚未卖出为未遂；反之，即使已经付款，如果因行为人意志以外的原因未能实现“交付”转移标的物所有权的构成犯罪未遂。

从危害后果上看。销售伪劣产品，所侵害的是复杂客体，伪劣产品标的物如果所有权尚未进行转移，销售行为未完成，其行为的后果和影响十分局限，对国家产品质量管理制度和市场经济秩序侵害相当有限，并且因为尚未“流入”市场，就更谈不上对消费者权益和人民生命财产的侵害。对应本案中的相应情形，如果依照“既遂”进行处罚，则会产生罪刑不相适应的情况，也不利于真正将已经把伪劣产品流入市场的情形区分开来。

综上，销售伪劣产品犯罪存在开始销售，但是尚未完成销售的特殊情形，应当根据未完成的原因对犯罪未完成形态进行具体的划分，也即存在销售伪劣产品犯罪的犯罪未遂、犯罪中止等。不法分子铤而走险妄图通过销售冒牌口罩获利，固然应当予以严厉打击，但从刑事审判角度出发，仍然应当正确认定犯罪形态，注重罪责刑相适应，对被告人进行罪刑相当的惩处，实现法律效果和社会效果的有机统一。

编写人：浙江省杭州市萧山区人民法院　胡乐铭

17

共同犯罪中从犯、犯罪中止的认定

——黄某伦等故意伤害案

【案件基本信息】

1. 裁判书字号

广西壮族自治区柳州市中级人民法院（2020）桂02刑终366号刑事裁定书

2. 案由：故意伤害罪

【基本案情】

自1990年以来，黄某站及其父亲黄某南一直在某村背山上开采锰矿，但未办理采矿许可证。2005年5月30日10时许，黄某站发现有人到自家开采的矿窿口挖矿，通过熟人前去劝阻后，对方停止挖矿离去。次日11时许，黄某站发现对方又来挖矿，在叫熟人前去劝阻无效的情况下，黄某站纠集黄某腰、黄某韬、黄某汉、黄某参、黄某前、黄某万、黄某贯、黄某建、黄某范（十人已被判刑）以及被告人黄某伦、黄某任、黄某杯、黄某卫持砂枪、砍刀、月刮等凶器分两路来到矿山上。黄某站带一队人从矿窿口所在地的山脚往窿口方向走，在矿窿口附近黄某前、黄某贯、黄某建持砍刀追撵前来挖矿的人；黄某腰、黄某汉、黄某韬、黄某参都开了枪；黄某万用砍刀砸烂翻斗车挡风玻璃；黄某范持月刮拦住勾机。黄某伦带黄某任、黄某杯、黄某卫等人从矿窿口所在地的山顶往窿口方向走，在上方拦截挖矿的人，防止对方逃跑。当黄某伦带黄某任、黄某杯、黄某卫等人来到矿窿口山顶时听到砂枪响，看到有人被打倒在地，四人继续向矿窿口行进，看到别人散开后，亦自行离开回到村中。混乱中，黄某参开枪击伤黄某前，构成轻伤，被害人谢某某、韦某、沈某三人被砂枪击中当场死亡，巫某某被砂枪击中，构成轻伤。

【案件焦点】

1. 黄某杯是否应对黄某前的轻伤负责，是否构成共同犯罪；2. 黄某卫是否构成共同犯罪中的犯罪中止。

【法院裁判要旨】

广西壮族自治区柳州市柳江区人民法院经审理认为：被告人黄某伦、黄某任、黄某杯、黄某卫因被害人强占同村村民黄某站的矿口，在两次劝阻无效的情况下，受黄某站的纠集伙同黄某站、黄某腰、黄某韬、黄某汉、黄某参、黄某前、黄某万、黄某贯、黄某建、黄某范等人持砂枪、砍刀、月刮、棍棒故意伤害他人身体，致三人死亡、二人轻伤，四被告人的行为已构成故意伤害罪。公诉机关指控的罪名成立。在共同犯罪中，四被告人起帮助作用，是从犯，依法可以从轻或减轻处罚；黄某卫能主动投案，到案后能如实供述自己的全部犯罪事实，依法可以从轻或减轻处罚；黄某伦、黄某任、黄某杯到案后能如实供述自己的犯罪事实，依法可以从轻处罚。被害人强占黄某站的矿口是引发本案的原因，故被害方存在过错，可以减轻对被告人的处罚。综上，法院决定对四被告人减轻处罚。黄某伦的辩护人辩护意见，法院予以采信，其他被告人的辩解和辩护人的辩护意见，与法院查明的事实不符，或不符合法律的规定，不予采信。

广西壮族自治区柳州市柳江区人民法院依照《中华人民共和国刑法》第二百三十四条第二款，第二十五条第一款，第二十七条，第六十七条第一款、第三款之规定，作出如下判决：

一、被告人黄某伦犯故意伤害罪，判处有期徒刑六年。

二、被告人黄某任犯故意伤害罪，判处有期徒刑六年。

三、被告人黄某杯犯故意伤害罪，判处有期徒刑六年。

四、被告人黄某卫犯故意伤害罪，判处有期徒刑五年。

黄某卫不服一审判决，提出上诉，诉称其并未直接造成被害人受伤或死亡，其作用小，是从犯，一审量刑过重，请求法院再予以从轻处罚并适用缓刑。辩护人提出以下辩护意见：黄某卫是从犯，具有自首、犯罪中止、认罪态度好等情节，请求法院对黄某卫判处三年以下有期徒刑并适用缓刑。

广西壮族自治区柳州市中级人民法院经审理认为：关于辩护人所提黄某卫具有犯罪中止情节的相关辩护意见。经查，该问题原判已经论述并加以驳斥，法院予以确认。法院认为，在案证据表明黄某卫应黄某站的纠集，明知同伙持砂枪、砍刀、月刮等围堵被害人会造成人员伤亡的后果，其亦与黄某伦等人持枪、刀或棍棒参与，并最终造成三人死亡、二人轻伤的严重后果。其不符合自动放弃犯罪或者自动有效地防止犯罪结果发生的情形，不属于犯罪中止。辩护人的该辩护意见与查明的事实和证据不符，且于法无据，法院不予采纳。黄某卫、黄某伦、黄某任、黄某杯受黄某站的纠集伙同黄某站、黄某腰、黄某韬、黄某汉、黄某参、黄某前、黄某万、黄某贯、黄某建、黄某范等人持砂枪、砍刀、月刮、棍棒故意伤害他人身体，造成三人死亡、二人轻伤，黄某卫、黄某伦、黄某任、黄某杯的行为均已构成故意伤害罪。原判认定的事实清楚，证据确实、充分，定罪准确，审判程序合法。原判根据黄某卫、黄某伦、黄某任、黄某杯的共同犯罪事实、性质及犯罪后果，并结合在共同犯罪中，四人均是从犯，黄某卫具有自首情节，黄某伦、黄某任、黄某杯到案后能如实供述其罪行等具体情节，并考量被害方存在过错等，在法定量刑幅度基础上予以减轻处罚，量刑适当，处理正确。黄某卫及其辩护人所提一审量刑过重的相关意见不成立，不予采纳。黄某卫与同伙共同故意伤害他人，致三人死亡、二人轻伤的严重后果，其不符合适用缓刑条件中“犯罪情节较轻”的情形，黄某卫及辩护人关于适用缓刑的上诉意见和辩护意见于法无据，亦不予采纳。

广西壮族自治区柳州市中级人民法院依照《中华人民共和国刑事诉讼法》第二百三十六条第一款第（一）项之规定，裁定如下：

驳回上诉，维持原判。

【法官后语】

本案是因采矿纠纷引发的暴力事件，本案的被告人系该共同犯罪中的从犯，该共同犯罪造成三人死亡、二人轻伤的严重后果。针对本案的主要争议焦点，综合本案证据，笔者分析如下。

1. 黄某杯是否应对黄某前的轻伤负责，是否构成共同犯罪

广西壮族自治区柳州市柳江区人民法院认为被告方的人开枪击中黄某前，致黄某前受轻伤，属误伤，并未超出被告方各参与人的共同犯意，除黄某前本人不应对其本人轻伤的后果负刑事责任外，其他参与人都应当对黄某前的轻伤承担刑事责任；被害方来抢占黄某杯同村村民的矿口，有过错在先，被告方应当通过合法途径解决，而不能采取伤害他人身体的方法来解决。

根据共同犯罪主客观要件分析。共同犯罪的客观要件要求各犯罪人必须具有共同的犯罪行为，为追求共同的社会危害结果，实施相互联系、密切配合、整体有机的犯罪行为。本案中，纠集人黄某站（已另案处理）纠集黄某伦等14人分持砂枪、砍刀、月刮等凶器分两路来到矿山，将谢某某、韦某、沈某当场打死，将巫某某打致轻伤，在混乱中同案人黄某前被误伤。本案是在有组织、有计划下进行的共同故意伤害行为，本案被告人均按照计划配合行动，黄某伦持砂枪，黄某任、黄某杯、黄某卫持砍刀或棍棒前往现场堵截，共同实施配合完成了犯罪行为。

共同犯罪的主观要件要求各犯罪人必须具有共同的犯罪故意，即认识到是与他人共同实施犯罪，会发生危害社会的结果，以及共同犯罪行为与危害结果之间的关系。本案是因采矿纠纷引发的冲突，被害人抢占被告方的矿口，有错在先。但被告方未能正确处理矛盾纠纷，未通过合法途径解决，而是采取伤害他人的方法。被告人的主观目的不影响故意伤害的定性，有故意伤害他人的犯罪意图。本案黄某伦、黄某任、黄某杯、黄某卫就是在上述共同故意伤害犯意的支配下实施了共同犯罪行为，具有共同的犯罪故意。

综上，本案黄某伦、黄某任、黄某杯、黄某卫实施了共同的犯罪行为，有共同故意伤害的犯罪故意，造成了被害人死亡、轻伤的严重结果，构成共同犯罪。

2. 黄某卫是否构成共同犯罪中的犯罪中止

刑法规定聚众斗殴致人重伤、死亡的，以故意伤害罪或故意杀人罪定罪处罚。犯罪中止是在犯罪过程中，自动放弃犯罪或者自动有效地防止犯罪结果的发生。犯罪中止是犯罪未完成形态，是在犯罪预备阶段或者在实行行为还没有实行终了的情况下，自动放弃犯罪；或是在实行行为实行终了的情况下，自动有效地防止犯罪结果的发生。犯罪中止强调有效性和主动性，被告人应是本可以实施犯罪行为而主动中止，或实施后采取措施有效地防止犯罪结果发生。一旦因犯罪行为产生危害结果，构成犯罪既遂，犯罪就已完成，不能再认定为犯罪中止。

本案中，尽管黄某伦、黄某任、黄某杯、黄某卫到达现场周围时，打斗已经结束，但共同犯罪已经形成，且造成了三人死亡、二人轻伤的严重危害后果，构成犯罪既遂。在共同犯罪中，根据“部分实行全部责任”原则，只要部分共犯人的行为导致危害结果既遂，对其他共犯人均以既遂论处。黄某伦、黄某任、黄某杯、黄某卫在本案中起帮助作用，是从犯，只具有共同故意伤害他人的犯意，实施了相互配合、堵截的共同故意伤害行为，也发生了严重的危害后果。但本案被告人没有杀人的犯罪故意，也没有实施杀人的犯罪行为。因此，根据主客观犯罪相一致的原则，本案被告人应当对共同故意伤害下造成的后果负责，即对故意伤害致人死亡的既遂负责。

并且，根据广西壮族自治区柳州市中级人民法院在二审中补充查明论证，黄某卫明知同伙持砂枪、砍刀、月刮等围堵被害人会造成人员伤亡的后果，仍与黄某伦等人持枪、刀或棍棒参与，而最终也导致了死亡、轻伤的严重后果，该后果没有超出黄某卫等实施持枪、刀或棍棒参与斗殴的可预见性。

综上，黄某卫实施了共同犯罪行为，造成了可能的危害后果，既没有主动中止犯罪行为，也没能有效避免该危害后果的发生，不符合犯罪中止的构成要件。

编写人：广西壮族自治区柳州市柳江区人民法院　黄嘉斯

（三）共同犯罪

18

共同犯罪的认定

——钟某、黄某非法收购珍贵、濒危野生动物，吴某非法猎捕珍贵、濒危野生动物案

【案件基本信息】

1. 裁判书字号

广西壮族自治区浦北县人民法院（2020）桂0722刑初179号刑事判决书

2. 案由：非法收购珍贵、濒危野生动物罪；非法猎捕珍贵、濒危野生动物罪①

【基本案情】

被告人钟某、黄某夫妇为牟取利益，长期在张黄、大成、安石等乡镇非法收购各类野生动物，再销往合浦、灵山、广东等地。2014年3月29日，黄某因收购野生动物被行政处罚。

---

① 《最高人民法院、最高人民检察院关于执行〈中华人民共和国刑法〉确定罪名的补充规定（七）》于2021年3月1日起实施。本书收录的部分案例裁判于《最高人民法院、最高人民检察院关于执行〈中华人民共和国刑法〉确定罪名的补充规定（七）》生效前，适用的是当时有效的法律规定，下文将不再对此进行提示（注：非法猎捕、杀害珍贵、濒危野生动物罪和非法收购、运输、出售珍贵、濒危野生动物、珍贵、濒危野生动物制品罪罪名已被修改为危害珍贵、濒危野生动物罪）。

2018 年 12 月 12 日，黄某在张黄镇某药店门前，收购被告人吴某坤的一只原鸡。该原鸡是吴某坤在张黄镇的田野处猎捕得来。经鉴定，原鸡被列为国家二级重点保护野生动物。另外，吴某坤此前还将自己捕获的 7 只疑似猫头鹰出售给黄某，其中一只经吴某坤辨认属于鸟纲鸮形目鸱鸮科，被列为国家二级重点保护野生动物。因 7 只疑似猫头鹰已不复存在，无法进行鉴定。

2018 年 12 月 14 日，公安机关对黄某、钟某位于张黄镇新桥村委会桂树下村××号的住宅进行搜查，查获 44 只野生动物死体、48 本账本、存折、银行卡、宰杀野生动物的工具等。44 只野生动物死体是钟某宰杀处理后，浸泡制酒以自用。经鉴定，该批野生动物死体中有 28 只被列为国家二级重点保护野生动物，其中属于爬行纲蜥蜴目壁虎科的有 2 只，属于鸟纲隼形目鹰科的有 10 只，属于鸟纲鸮形目鸱鸮科的有 16 只。经核查 48 本账本，黄某、钟某将收购而来的野生动物向陈某玲、陈某敏夫妇出售毛鸡 733 只、鹰类 811 只，向林某倩、张某财夫妇出售毛鸡 272 只、鹰类 42 只，向王某义出售毛鸡 263 只、鹰类 109 只，向梁某东出售毛鸡 24 只、鹰类 2 只，总计所出售的毛鸡 1292 只、鹰类 964 只。48 本账本所记录的野生动物已不复存在，无法进行鉴定。

【案件焦点】

对钟某、黄某收购、宰杀、出售野生动物的犯罪事实及罪名的认定。

【法院裁判要旨】

广西壮族自治区浦北县人民法院经审理认为：钟某、黄某违反国家野生动物保护法规，共同非法收购国家二级重点保护野生动物 28 只，情节特别严重，其行为已触犯了《中华人民共和国刑法》第三百四十一条之规定，构成非法收购珍贵、濒危野生动物罪。吴某坤违反国家野生动物保护法规，将其非法猎捕国家重点保护的珍贵、濒危野生动物原鸡一只卖给黄某，其行为已触犯了《中华人民共和国刑法》第三百四十一条之规定，吴某坤构成非法猎捕珍贵、濒危野生动物罪。公诉机关指控吴某坤的罪名成立，予以支持。公诉机关指控钟某、黄某的罪名与法院认定的事实有差异，应以认定的事实进行定罪处罚。钟某、黄某在结伙收购珍贵、濒危野生动物的共同犯罪中，钟某起主要作用，是主犯，依法应当按照其参与的或者组织、指挥的全部犯罪处罚。黄某起次要、辅助作用，是从犯，依法应当从轻、减轻处罚。钟某、黄某、吴某坤被抓获归案后，如实供述自己的罪行，是坦白，依法可以从轻处罚。吴某坤对指控的犯罪事实及罪名无异议，愿意接受处罚，依法可以从宽处理。鉴于吴某坤的坦白情节及其悔罪表现，宣告缓刑对其所居住社区没有重大不良影响，法院决定对吴某坤宣告缓刑。

广西壮族自治区浦北县人民法院依照《中华人民共和国刑法》第三百四十一条、第六十七条第三款、第五十二条、第五十三条、第二十五条第一款及第二十六条第一款及第四款、第二十七条、第七十二条第一款、第七十三条第二款及第三款、第六十四条、第六十二条、第六十一条及《中华人民共和国刑事诉讼法》第十五条的规定，判决如下：

一、被告人钟某犯非法收购珍贵、濒危野生动物罪，判处有期徒刑十年六个月，并处罚金人民币3万元。

二、被告人黄某犯非法收购珍贵、濒危野生动物罪，判处有期徒刑三年，并处罚金人民币5000元。

三、被告人吴某坤犯非法猎捕珍贵、濒危野生动物罪，判处有期徒刑一年六个月，缓刑一年六个月，并处罚金人民币3000元。

【法官后语】

本案中处理的重点在于被告人非法收购、出售国家保护的野生动物数量的问题，以及钟某是否有自首情节的问题。

经查，在案证据证实钟某、黄某与林某倩、张某财、王某义、梁某东存在野生动物的交易事实，但48本账本记录的动物名称均是用本地土话称呼，与动物的科学名称不一致，且钟某出售的野生动物已经消失，无法进行专家鉴定。虽然交易双方均对民警出示的图片进行了类似辨认，但该辨认与本案无关联性、真实性存疑，不能代替鉴定意见，不能据此认定双方交易的为图片所示动物。因此，公诉机关指控钟某、黄某出售毛鸡1292只、鹰类964只的事实没有达到

“事实清楚，证据确实、充分”的法定证明标准，法院不予支持。2018年12月14日某县森林公安局民警搜查钟某在张黄镇新桥村委会桂树下村××号住宅时发现大量疑似国家重点保护野生动物死体，钟某被现场传唤到案，不是主动投案，不是自首。因此，钟某提出其收购的野生动物没有指控的那么多的辩解意见酌情予以采纳。辩护人提出公诉机关指控黄某与钟某共同向下家出售毛鸡1292只、鹰类964只证据不足的辩护意见，法院予以采纳。辩护人提出的钟某有自首情节的辩护意见不成立，法院不予采纳。

关于钟某、黄某是否为共同犯罪的问题。经查，钟某和黄某是夫妻关系，在案证据证实二人共谋合伙收购野生动物出售获利，用于共同生活。二人分别从某县南部乡镇收购野生动物后集中出售，钟某负责联系卖家、打包、托运或者与黄某一起送货，黄某负责通过银行卡转账、微信二维码等方式收款，所得收入用于家庭开支。民警在黄某、钟某家里查扣的44只野生动物死体用于浸酒，其中28只经鉴定为国家二级保护动物，二被告人均供述上述野生动物是其二人分别从各地先后收购后陆续由被告人钟某处理后再用酒浸泡。因此，辩护人提出黄某没有共同犯罪的故意，不构成犯罪的辩护意见，与查明的事实不符，法院不予采纳。

编写人：广西壮族自治区浦北县人民法院　何相庆

19

承继共犯的认定

——柴某某、杨某某、江某某盗窃案

【案件基本信息】

1. 裁判书字号

湖南省石门县人民法院（2021）湘0726刑初14号刑事判决书

2. 案由：盗窃罪

【基本案情】

2019 年 11 月，被告人柴某某、杨某某、江某某合伙收购橘子，约定每日凌晨 4 时许到柴某某家会合后一起开车去临澧县做事。同月的一天，柴某某在邻居胡某某家帮忙时发现其房屋旁放有蜂箱，便起意盗窃蜂箱，并将该想法告知杨某某与江某某邀约一同盗窃，二人均表示拒绝。几日后的凌晨 1 时许，柴某某将胡某某家房屋旁的 6 个蜂箱拖运至自家屋前路口的公路旁（该路口距离胡某某家约 100 米远，距离柴某某家约 20 米远），并用布覆盖。凌晨 4 时许，杨某某、江某某到柴某某家准备一同前往临澧时，柴某某告知路旁的 6 个蜂箱系其盗窃所得，三人将蜂箱运至临澧县停弦渡镇九龙村戴某某家橘园请其照看。2020 年 3 月的一天，柴某某驾驶货车载着杨某某、江某某到戴某某家将 6 个蜂箱运回石门县，每人分得 2 个蜂箱。数日后被害人胡某某发现柴某某家放置的蜂箱系其被盗蜂箱，遂要求柴某某返还。柴某某将分给杨某某、江某某的各 2 个蜂箱收回后共 6 个蜂箱全部返还给被害人，并赔偿被害人经济损失人民币 500 元，取得了被害人的谅解，经某县价格认证中心认定，被盗的 6 个蜂箱于 2019 年 11 月 16 日的市场价格共计人民币 4860 元。另查明，2020 年 5 月 13 日，公安机关电话传唤杨某某、江某某到案，二被告人如实供述了自己的犯罪事实。

【案件焦点】

中途加入的被告人杨某某、江某某能否构成盗窃共犯。

【法院裁判要旨】

湖南省石门县人民法院经审理认为：被告人柴某某、杨某某、江某某以非法占有为目的，盗窃他人财物，数额较大，其行为均已构成盗窃罪。公诉机关指控柴某某、杨某某、江某某犯盗窃罪的事实属实，罪名成立，法院予以确认。本案系共同犯罪，在共同犯罪中柴某某起主要作用，系主犯；杨某某、江某某起次要作用，系从犯。柴某某有如下量刑情节：（1）主动投案如实供述犯罪事实，系自首，依法予以从轻处罚；（2）认罪认罚并签署认罪认罚具结书，依法从宽处理；（3）全部退赔被害人损失，并获得被害人谅解，酌情从轻处罚。杨某某、江某某有如下量刑情节：（1）主动归案后如实供述犯罪事实，系自首，依法予以从轻处罚；（2）系从犯，依法予以从轻处罚；（3）认罪认罚并签署认罪认罚具结书，依法从宽处理；（4）全部退赔被害人损失，并获得被害人谅解，酌情从轻处罚。根据柴某某的犯罪情节及认罪悔罪表现，结合其住所地社区矫正机关出具的实行社区矫正调查评估意见，可对其适用缓刑。

湖南省石门县人民法院对被告人柴某某适用《中华人民共和国刑法》第二百六十四条、第二十五条、第二十六条第一款及第四款、第六十七条第三款、第五十二条、第七十二条第一款及第三款、第七十三条第一款及第三款；对被告人杨某某、江某某适用《中华人民共和国刑法》第二百六十四条、第二十五条、第二十七条、第六十七条第一款、第五十二条之规定，做出如下判决：

一、被告人柴某某犯盗窃罪，判处拘役二个月，缓刑三个月，并处罚金人民币2000元。

二、被告人杨某某犯盗窃罪，判处罚金人民币1000元。

三、被告人江某某犯盗窃罪，判处罚金人民币1000元。

该判决现已生效。

【法官后语】

本案的焦点是中途加入的杨某某、江某某能否构成盗窃共犯。依据《中华人民共和国刑法》的规定，共同犯罪是指二人以上共同故意犯罪。具体来说，在主观上，犯罪人之间必须有共同犯罪故意，对其实施的危害行为都持故意的心理状态，并且犯罪人意识到自己和其他行为人在共同进行犯罪活动；在客观上，犯罪人必须有共同犯罪行为，各个犯罪人的犯罪行为具有共同的指向性，且指向同一犯罪对象。即犯罪人各自的犯罪行为都是在他们的共同犯罪故意支配下，围绕共同的犯罪对象，为实现共同的犯罪目的而实施的。

首先，从犯罪故意来看，本案中柴某某发现邻居胡某某家房屋旁放有蜂箱后，便有了盗窃蜂箱的想法，并将该想法告知杨某某与江某某并邀约一同盗窃，二人均表示拒绝。在这一阶段，杨某某、江某某与柴某某是没有共同犯罪的故意的，即杨某某、江某某与柴某某之间不存在事前的共同犯罪故意。但后来在被告知路旁的6个蜂箱系柴某某盗窃所得的情况下，杨某某、江某某帮助柴某某将蜂箱运至临澧县停弦渡镇九龙村戴某某家橘园请其照看。这一阶段，杨某某、江某某明知柴某某的盗窃故意，且明知其已着手实施盗窃行为，还加入并实施帮助，可见，杨某某、江某某已经与柴某某达成了盗窃的共同犯罪故意。

其次，从客观行为来看，本案中当日凌晨1时许柴某某将胡某某家房屋旁的6个蜂箱拖运至自家屋前路口的公路旁（该路口距离胡某某家约100米远，距离柴某某家约20米远），并用布盖好便回家睡觉。这一阶段，根据蜂箱的特殊性，蜂箱并未完全脱离胡某某家的地域范围，也就还未脱离胡某某的控制，柴某某的犯罪还处于持续状态、未完成形态。至凌晨4时许，杨某某、江某某到柴某某家准备一同前往临澧时，柴某某告知路旁的6个蜂箱系其盗窃所得，三人将蜂箱运至临澧县停弦渡镇九龙村戴某某家橘园请其照看。这一阶段中，杨某某、江某某加入柴某某的盗窃行为，并实施帮助，二人的帮助行为与盗窃结果的发生存在因果关系。杨某某、江某某帮助搬运蜂箱的行为，应属于共同犯罪行为。

最后，从作用来看，柴某某在本案中首起犯意并着手实施了盗窃蜂箱的行为，起主要作用。杨某某、江某某与柴某某虽然没有事前的共同犯罪故意，但在明知柴某某实施的是盗窃行为的情况下，中途加入并帮助柴某某搬运蜂箱。杨某某与江某某的行为所起作用较小，在本案中起次要作用。

综上，湖南省石门县人民法院认定杨某某、江某某构成盗窃罪共犯，并认定柴某某系主犯，杨某某、江某某系从犯，是符合本案事实的。勿以恶小而为之。现代社会中有不少群众法律意识淡薄，在利益面前无法抵制诱惑，因而触犯法律。在依法治国全面推进的今天，法治宣传工作不容忽视。我们要加强普法宣传，加大典型案件宣传力度，在群众信中筑起法律之盾。

编写人：湖南省石门县人民法院　詹佳

20

故意毁坏财物罪、敲诈勒索罪中团伙成员是否构成恶势力犯罪集团的认定

——胡某某等故意毁坏财物、非法拘禁、敲诈勒索案

【案件基本信息】

1. 裁判书字号

湖北省荆州市中级人民法院（2020）鄂10刑终182号刑事裁定书

2. 案由：故意毁坏财物罪、非法拘禁罪、敲诈勒索罪

【基本案情】

被告人胡某某、张某1、张某2等前期合伙成立甲公司，后因生意惨淡，甲公司停止经营二手车业务，胡某某、张某1、张某2、刘某、覃某、章某等人遂纠集在一起“合股”放高利贷。为追索债务，从2014年下半年以来，胡某某、张某1、张某2、刘某、覃某、章某等人实施了故意毁坏他人财物、多次非法限制他人人身自由的违法犯罪活动，在一定区域和行业内为非作恶、欺压百姓，扰乱当地经济和社会生活秩序，造成较为恶劣的社会影响，形成恶势力犯罪集团。被告人胡某某、张某1、张某2是该集团的首要分子。

关于故意毁坏财物事实。胡某某于2011年借款150万元给徐某某，约定月息5分，后徐某某资金链断裂，胡某某明知徐某某一栋六层私房已售出的情况下，仍与徐某某妻子赵某签订房屋买卖协议，后胡某某带人撬锁进入该私房打砸物品，不让其之前的买主装修。

关于非法拘禁的事实。被害人刘某某于2014年向张某1、胡某某等人借款200万元，每五日利息1分。之后，刘某某无力偿还本息便将某广场1幢4001、

4002 室房屋作价 45 万元抵偿给张某 1。2015 年的一天 13 时许，胡某某、张某 1、张某 2、刘某将刘某某叫至甲公司内商谈还钱事宜，并不让其离开。其间，张某 2 拿起桌上的玻璃茶杯砸碎，一手掐住刘某某的脖子将其抵在墙上，一手用碎玻璃茶杯抵住刘某某的脖子，此后又朝刘某某的脸上、头部打了几拳，逼迫其还钱。被害人饶某于 2014 年年底以廖某某为担保人向胡某某等人借款 200 万元，约定月息 8 分。2015 年五六月的一天 13 时许，胡某某将饶某、廖某某先后喊到甲公司内。之后，胡某某、张某 1、张某 2、刘某等人要饶某、廖某某偿还债务，并不让二人离开，其间，刘某打了廖某某一拳和一耳光。2015 年 6 月的一天，张某 2 带覃某、章某、文某等人到廖某某经营的“某板材”门市部向廖某某、饶某逼债期间，张某 2 等人殴打饶某。之后，张某 2、覃某、章某、文某等人将饶某、廖某某带至甲公司，并不让二人离开。其间，章某打了廖某某几巴掌。12 时许，张某 2、覃某、章某、文某等人将饶某、廖某某带至某餐馆。胡某某在餐馆见到饶某后，扇了饶某一耳光，威胁其还钱。

关于敲诈勒索的事实。2011 年上半年，张某 2 与他人经常在一起打牌。一次，毕某打花牌赢了张某 2 的钱。牌局散场后，张某 2 认为毕某出“老千”，遂一直找毕某要说法。同年 9 月，张某 2、田某等人在松滋市找到了毕某，并将其强行带上车。上车后，与张某 2、田某同行的一名年轻人打了毕某一巴掌。随后，毕某被带至宾馆被威胁，张某 2 要求毕某退还 8000 元，后又以迟到为由再勒索毕某 2000 元。

【案件焦点】

故意毁坏财物、敲诈勒索团伙犯罪中，被告人拒不供认其系恶势力团伙，如何根据在案证据定罪。

【法院裁判要旨】

湖北省石首市人民法院经审理认为：对于被告人胡某某、张某 1、张某 2 拒不供认其系恶势力团伙，经查，在案证据能够证实胡某某、张某 1、张某 2 以成立公司为据点，从事与公司无关的非法放贷业务，胡某某、张某 1、张某 2

为股东，刘某、覃某、文某为主要成员的犯罪组织，在2011年至2015年，违法从事高利贷业务，受害人不还债，就采用故意毁坏财物、敲诈勒索、非法拘禁等违法犯罪行为迫使受害人还债，扰乱市场经济和群众生活，造成极其恶劣的社会影响，综合分析，能够认定胡某某、张某1、张某2等人系恶势力集团首要分子，对于被告人及其辩护人辩护其不属于恶势力团伙犯罪的辩护意见，均不予采纳。被告人涉案事实清楚、证据确实充分，依法应认定为恶势力团伙犯罪。

湖北省石首市人民法院依照《中华人民共和国刑法》第二百三十八条第一款、第二百七十四条、第二百七十五条、二十五条第一款、第二十六条、第二十七条、第六十七条第三款、第六十五条、第六十九条、第七十七条第一款、第六十四条、第六十一条，《最高人民法院、最高人民检察院、公安部、司法部关于办理恶势力刑事案件若干问题的意见》第四条、第十一条，《最高人民法院、最高人民检察院、公安部、司法部关于办理黑恶势力刑事案件中财产处置若干问题的意见》第十五条、第十九条，《中华人民共和国刑事诉讼法》第十五条之规定，作出如下判决：

一、被告人胡某某犯故意毁坏财物罪，判处有期徒刑一年，犯非法拘禁罪，判处有期徒刑三年，数罪并罚，决定执行有期徒刑三年八个月。

二、被告人张某1犯故意毁坏财物罪，判处有期徒刑十个月，犯非法拘禁罪，判处有期徒刑三年，数罪并罚，决定执行有期徒刑三年五个月。

三、被告人张某2犯故意毁坏财物罪，判处有期徒刑十个月，犯非法拘禁罪，判处有期徒刑二年九个月，犯敲诈勒索罪，判处有期徒刑一年一个月，并处罚金10000元，数罪并罚，决定执行有期徒刑四年，并处罚金10000元。

四、被告人刘某犯故意毁坏财物罪，判处有期徒刑八个月，犯非法拘禁罪，判处有期徒刑二年六个月，撤销湖北省公安县人民法院（2011）公刑初字第168号判决书中被告人刘某犯聚众斗殴罪，判处有期徒刑三年，缓刑五年的缓刑部分，数罪并罚，决定执行有期徒刑五年五个月。

五、被告人覃某犯故意毁坏财物罪，判处有期徒刑八个月，犯非法拘禁罪，判处有期徒刑一年五个月，数罪并罚，决定执行有期徒刑一年九个月。

六、被告人章某犯非法拘禁罪，判处有期徒刑二年二个月。

七、被告人文某犯非法拘禁罪，判处有期徒刑一年三个月。

八、对用于犯罪的财物：牌号为鄂 E××2 的奔驰轿车、牌号为鄂 E××7 的奔驰越野车、新江口镇贺某炎某广场 1 幢 4001、4002 室的房屋，予以没收，上缴国库。

九、对违法所得 297.3325 万元予以追缴。（对被告人胡某某、张某 1、张某 2、刘某分别按照违法所得总额的 36.9%、47.5%、10.6%、5%予以追缴）。

十、对公安机关查封、冻结、扣押的财产中被判决予以没收的部分上缴国库，对其他被查封、冻结、扣押的被告人财产，由办案机关依法追缴与违法所得等值的 297.3325 万元（不足 297.3325 万元的部分继续追缴；超过 297.3325 万元的部分予以返还）。

胡某某等人中有四人不服一审判决，提出上诉。湖北省荆州市中级人民法院经审理认为：胡某某等人以判处过重为由上诉，没有法律依据，原审法院适应法律准确，证据确实、充分，胡某某、张某 1 等七人构成恶势力团伙犯罪，量刑并无不当。故胡某某等人的上诉理由，不能成立，应予驳回。

湖北省荆州市中级人民法院依照《中华人民共和国刑事诉讼法》第二百三十六条第一款第（一）项之规定，裁定如下：

驳回上诉，维持原判。

【法官后语】

本案处理重点主要在于对被告人拒不供认系恶势力团伙犯罪的认定。最高人民法院、最高人民检察院、公安部、司法部发布的《关于办理恶势力刑事案件若干问题的意见》对恶势力的认定作了专门的规定。根据该意见的规定，是指经常纠集在一起，以暴力、威胁或者其他手段，在一定区域或者行业内多次实施违法犯罪活动，为非作恶，欺压百姓，扰乱经济、社会生活秩序，造成较为恶劣的社会影响，但尚未形成黑社会性质组织的违法犯罪组织。恶势力一般为 3 人以上，纠集者相对固定，违法犯罪活动主要为强迫交易、故意伤害、非法拘禁、敲诈勒索、故意毁坏财物、聚众斗殴、寻衅滋事等，同时还可能伴随实施开设赌场、组织卖淫、强迫卖淫、贩卖毒品、运输毒品、制造毒品、抢劫、抢夺、聚众扰乱社会秩序、聚众扰乱公共场所秩序、交通秩序以及聚众“打砸抢”等，在被告人否认自己系恶势力的情况下，通过刑事推定来认定被告人是否系恶势力团伙犯罪。

具体到本案中，一审、二审法院都认为可以认定胡某某、张某1、张某2三人是该集团的首要分子，有固定的成员刘某、覃某、章某、文某，本案中故意毁坏财物、寻衅滋事、敲诈勒索等违法犯罪行为，都有胡某某、张某1、张某2的亲自参与或者指挥他人实施犯罪。

编写人：湖北省石首市人民法院　花明

21

“套路贷”犯罪的定性、罪数区分及共犯认定

——张某等诈骗、寻衅滋事案

【案件基本信息】

1. 裁判书字号

广东省深圳市中级人民法院（2019）粤03刑终2576号刑事裁定书

2. 案由：诈骗罪、寻衅滋事罪

【基本案情】

被告人张某、彭某佳曾经分别是不同借贷平台的高校业务员，他们在开展业务过程中接触到一些有借款需求的在校大学生，通过审查个人资料、家庭信息等，掌握了一批以深圳户口、家庭条件优越、有超前消费习惯、自控能力差等为特点的在校大学生资源。为谋取非法利益，张某与董某铭、吕某赓、付某

信、陈某鑫等人一起合作，专门针对在校大学生开展无抵押的高息短期借款业务，由董某铭等人负责出资，张某负责物色客户（借款人）、出面签订合同和债务催收，所得利润六四分成，风险共担。一般的借款模式是，以1周或2周为借款周期，利息15%至25%不等，每日逾期费为借款金额5%至10%不等，利息计入本金提前扣除（俗称“砍头息”），或者在转账后立即返还，并签订虚高的借款合同或者就同一笔借款签订多份借款合同；如果借款人到期未还，会被收取高额逾期费，在支付手续费后可续期一次，若仍未能偿还，张某等人便通过频繁威胁恐吓等方式介绍或要求借款人再借一笔钱以偿还之前的欠款，以此类推，通过借新还旧、转单平账的方式人为垒高借款人的债务，最终借款从几万元垒高到数百万元，被告人从中获利一百余万元。

在追讨债务过程中，彭某佳等多次将借款人强行带离学校进行侮辱恐吓，并要求其母抵押房产还钱，借款人被迫休学；杨某鑫多次向借款人及其家人发送侮辱短信或使用“呼死你”等软件进行电话轰炸，以被害人在借款时拍摄的裸体视频相威胁，并采用上门用胶水堵塞锁孔、破坏门锁、贴字条等方式逼迫借款人父亲卖房还债。

以张某、吕某赓、董某铭、付某信、陈某鑫、董某菩等人为主要成员的恶势力，和以彭某佳、杨某鑫、谢某桐、古某清等人为主要成员的恶势力，盘踞在高校周边，以非法占有为目的，假借民间借贷之名，实施“套路贷”的诈骗活动，严重危害大学生的身心健康，扰乱校园的教学秩序，造成恶劣的社会影响。

【案件焦点】

1. 本案“套路贷”行为是否符合诈骗罪的构成要件；2. 强索债务的手段行为与诈骗行为是否存在刑法上的牵连关系；3. 无直接犯意联络的被告人之间是否构成共同犯罪。

【法院裁判要旨】

广东省深圳市南山区人民法院经审理认为：关于被告人的行为定性，张某等人以非法占有为目的，有针对性地选取在校大学生进行高息、短期无抵押贷款，通过设置砍头息、高额利息、畸高逾期费、在多个借款人之间转单平账等方式制造“套路”恶意垒高借款，与被害人形成虚假债权债务关系，骗取被害人财物，实质就是假借民间借贷之名行非法占有之实，符合诈骗罪的构成要件。关于对被告人是应择一重罪处罚还是数罪并罚，彭某佳、杨某鑫、谢某桐为索取非法债务，多次将被害人从学校宿舍强行带走，以被害人被迫拍摄的裸体视频相威胁，用胶水堵塞被害人家门锁孔，发送侮辱短信，对被害人及其家人实施的上述滋扰、纠缠行为已严重干扰到被害人正常生活、工作，不仅侵犯了社会管理秩序，也侵犯了被害人的人身权利，所实施的目的行为与结果行为之间并不具有内在的牵连关系，不应认定为牵连犯，辩护人所提应对被告人择一重罪处罚的意见不予采纳。关于各被告人之间是否属于共同犯罪，各被告人在非法占有被害人财物目的的支配下，选用相同的操作手段向被害人放款并以击鼓传花的方式介绍其他债主加入，实际上是以一种心照不宣的方式形成了犯意联络，彼此的行为是有机联系的整体，属于共同犯罪。

张某、吕某赓、董某铭、董某菩、付某信、陈某鑫、彭某佳、杨某鑫、谢某桐、古某清、方某鹏以非法占有为目的，虚构事实、隐瞒真相，骗取他人财物，其行为均已构成诈骗罪；彭某佳、杨某鑫、谢某桐为强索不受法律保护的债务，多次采用威胁恐吓、拦截他人、滋扰生事等方式，给被害人造成心理强制，严重扰乱社会秩序，其行为均已构成寻衅滋事罪。依法对被告人彭某佳、杨某鑫、谢某桐处以诈骗罪、寻衅滋事罪数罪并罚。

广东省深圳市南山区人民法院依照《中华人民共和国刑法》第二百六十六条、第二百九十三条第一款第（二）项、第六十九条第一款、第三款、第二十五条第一款、第二十六条第一款、第二十七条、第六十七条第一款及第三款、第六十四条，作出如下判决：

一、被告人张某犯诈骗罪，判处有期徒刑十年，并处罚金人民币 20 万元。

二、被告人董某铭犯诈骗罪，判处有期徒刑六年六个月，并处罚金人民币 15 万元。

三、被告人吕某赓犯诈骗罪，判处有期徒刑六年，并处罚金人民币 15 万元。

四、被告人付某信犯诈骗罪，判处有期徒刑六年，并处罚金人民币 15 万元。

五、被告人彭某佳犯诈骗罪，判处有期徒刑三年六个月，并处罚金人民币 5 万元；犯寻衅滋事罪，判处有期徒刑八个月；决定执行有期徒刑四年，并处罚金人民币 5 万元。

六、被告人杨某鑫犯诈骗罪，判处有期徒刑二年六个月，并处罚金人民币 5 万元；犯寻衅滋事罪，判处有期徒刑一年，决定执行有期徒刑三年四个月，并处罚金人民币 5 万元。

七、被告人陈某鑫犯诈骗罪，判处有期徒刑二年，并处罚金人民币 4 万元。

八、被告人古某清犯诈骗罪，判处有期徒刑二年，并处罚金人民币 2 万元。

九、被告人谢某桐犯诈骗罪，判处有期徒刑一年二个月，并处罚金人民币 1 万元；犯寻衅滋事罪，判处有期徒刑八个月；决定执行有期徒刑一年八个月，并处罚金人民币 1 万元。

十、被告人董某菩犯诈骗罪，判处有期徒刑一年六个月，并处罚金人民币 1 万元。

十一、被告人方某鹏犯诈骗罪，判处有期徒刑一年三个月，并处罚金人民币 1 万元。

十二、收缴的手机、电脑主机、笔记本电脑、ipad、U 盘等依法予以发还；冻结的被告人银行卡中的余额依法退赔给被害人。

十三、责令各被告人共同退赔被害人经济损失。

付某信以其行为不构成诈骗罪、吕某赓以原判未认定其属于犯罪未遂为由提起上诉，广东省深圳市中级人民法院经审理后认同原判理由。

广东省深圳市中级人民法院依照《中华人民共和国刑事诉讼法》第二百三十六条第一款第（一）项的规定，作出如下裁定：

驳回上诉，维持原判。

【法官后语】

本案为深圳市首宗非法“校园贷”案件，被告人诈骗手段新颖，行为隐蔽，利用民间借贷的“合法外衣”，行违法犯罪之实，整个作案流程存在多个环节，有多个犯罪行为，涉及诈骗罪、寻衅滋事罪，不仅侵犯了学生和家长的人身权利、财产权利，也严重影响学校的正常教学秩序，扰乱了金融管理秩序、社会治安秩序，并引发舆论高度关注及社会各界强烈反响。本案的及时依法处理，对打击震慑此类犯罪、维护校园安宁有重要意义，在性质认定、罪数确定、共同犯罪及犯罪数额的认定上对同类案件也有一定的借鉴参考价值。

1. 从构成要素着手，明确“套路贷”行为的入罪依据和本质属性

非法“校园贷”是“套路贷”的一种，即发生在校园或针对学生的“套路贷”，但“套路贷”本身并不是一个刑法概念，更不是一个独立的罪名。在认定具体犯罪时，还是应该根据刑法规定的诈骗罪的犯罪构成来认定。按照刑法理论的通说，诈骗罪的客观构成要件的内容是，行为人实施欺骗行为→对方陷入或者继续维持错误认识→对方基于错误认识处分（或者交付）财产→被害人遭受财产损失。

本案被告人诱使在校大学生签订高息借款合同，以“砍头息”的方式虚增债务，被害人无法按期还款时，连环介绍被害人向其他金主借新债还旧债，通过“转单平账”“以贷还贷”的方式不断垒高“债务”，制造合法债权债务假象，在被害人未偿还虚高“借款”的情况下，按天或者小时甚至分钟收取高额逾期费，继续虚增债务，被告人以非法占有目的实施的上述行为，整体上可以评价为虚构事实、隐瞒真相的诈骗行为，即使被害人对双方在前约定的借款合同内容明知，并已偿还了虚高借款，但对被告人的整体“套路”没有识破，未意识到双方的债务关系为被告人故意人为虚增，在这个意义上来讲，被害人也属于“陷入错误认识”，其误以为存在正常的债务关系向被告人偿还借款，属于基于错误认识处分自己的财产，各被告人的行为实质上是假借民间借贷之名行非法占有之实，符合诈骗罪的构成要件。

2. 从严厉打击切入明确“套路贷”行为罪数的区分和共犯的认定

（1）强索债务的手段行为与诈骗行为是否存在刑法上的牵连关系。“套路贷”案件中，在被害人未偿还虚高借款的情况下，为实现非法占有财物的目的，行为人通常通过电话轰炸、跟踪滋扰、非法拘禁等暴力、威胁或“软暴力”手段实施催讨，上述手段行为可能构成敲诈勒索、非法拘禁、寻衅滋事多种犯罪。该手段行为与前述虚假债权债务形成阶段的诈骗行为均是为了实现非法占有被害人财物的目的，在决定是数罪并罚还是择一重罪处罚时，应根据具体案件事实，区分不同情形，依照刑法及有关司法解释的规定审慎判断。一般而言，实施“套路贷”过程中，行为人针对同一人实施敲诈勒索、强迫交易、抢夺、抢劫、寻衅滋事等侵财型手段非法占有他人财物的，一般以牵连犯择一重罪处罚；针对不同人实施的，一般应数罪并罚；行为人通过实施故意杀人、故意伤害、绑架、非法拘禁、寻衅滋事等非侵财型手段非法占有他人财物的，一般应数罪并罚。因刑法对寻衅滋事罪规定了四种方式，既有强拿硬要侵财型的，也有随意殴打等非侵财型的，故两种情况均有可能。

本案中，彭某佳等人为实现虚假债权债务关系，上门或以电话、短信方式对被害人本人及其家人滋扰、纠缠，并以被害人被迫拍摄的裸体视频相威胁，向被害人发送侮辱短信，对被害人及家人进行威胁、恐吓，逼迫被害人还债，上述方式已严重干扰被害人正常生活、工作，不仅侵犯了社会管理秩序，也侵犯了被害人的人身权利，从手段行为看，已超越一般的侵财型手段，从侵犯的客体上看，已非诈骗罪所能涵括，若仅认定为诈骗罪一罪，不足以准确、全面评价行为的危害性，故应单独评价为寻衅滋事罪，与诈骗罪数罪并罚。2019年7月23日颁布的《最高人民法院、最高人民检察院、公安部、司法部关于办理非法放贷刑事案件若干问题的意见》第六条明确规定：“……为强行索要因非法放贷而产生的债务，实施故意杀人、故意伤害、非法拘禁、故意毁坏财物、寻衅滋事等行为，构成犯罪的，应当数罪并罚……”为此类案件罪数的确定给出了明确的指导意见。

（2）“套路贷”案件中共同犯罪的认定及责任承担。“套路贷”犯罪由其行为模式决定多为共同犯罪，各行为人在组织中分工明确，相互配合，有些案件中，围绕“套路贷”已经形成一个犯罪链条。因分工细化，部分参与人之间可能未曾谋面，无直接的言语交流，故在认定是否属于共同犯罪时，应重点审查各行为人之间是否具有共同的主观故意。就本案而言，除张某外，提供资金的各出资人之间有的并不认识，也没有就如何借贷进行具体协商，但各出资人在对借款模式及累债模式明知的情况下，通过相互介绍、推荐使整个借贷行为形成有机联系的整体，各被告人明确知道自己的借贷行为是整个借贷模式中的一环，自身的盈利是建立在其他被告人的前期借贷行为或后期循环借贷基础之上的，实际上是以一种心照不宣的方式形成了犯意联络，属于共同犯罪。

本案中负责提供资金的被告人仅参与借贷行为的部分环节，并未全程参与，其犯罪数额是否应当单独计算。经审理认为，对于先加入的被告人，其对后续同案人的借款行为是认可或默许的，主观上有盖然性认识，与其他被告人形成了概括性、总体性的共同故意，亦是最终利益的获得者，应对整体数额负责；对于后加入的被告人，其不仅对先加入者的行为以及由该行为导致的结果有积极的认知，而且有将前者作为自己实现犯罪的手段加以积极利用的意思，客观上，后加入的被告人也正是利用了前行为导致被害人无法还款这一状态，趁机与被害人签订借款合同，再次虚增债务，前后被告人相互配合，共同完成了垒高被害人债务的目的，为实现非法占有被害人财物创造条件，与最终侵犯被害人财物具有因果关系，应对整体数额承担责任。

编写人：广东省深圳市南山区人民法院　张国辉　张庆荣

22

电信诈骗共同犯罪的犯罪金额认定

——董某丛等诈骗案

【案件基本信息】

1. 裁判书字号

湖北省孝感市中级人民法院（2020）鄂 09 刑终 202 号刑事裁定书

2. 案由：诈骗罪

【基本案情】

2019 年 3 月至 7 月，管某及被告人董某丛、鲁某勇组织被告人郑某林、严某、杨某琦、付某、万某 1、岳某磊、曾某、姚某阳、魏某、万某威、王某、陈某、周某、万某 2、郑某波等人以偷渡的方式到缅甸果敢等地从事电信网络诈骗犯罪活动。管某及董某丛是该犯罪集团的组织者，负责提供启动资金、租赁诈骗窝点、招募作案成员、购买作案工具（手机、银行卡、客户信息、话术等）、联系诈骗业务、组织团伙分工及日常管理等。鲁某勇、郑某林是该犯罪集团的骨干成员，分别负责“洗钱组”和“话务组”的管理，鲁某勇是“洗钱组”负责人，负责操作“洗钱组”业务，落实管某及董某丛的各项指令，对接、操作“洗钱组”的业务，协调与“话务组”“黑客组”的联系，安排付某、万某威、王某、曾某、万某 1、岳某磊等人的具体工作。郑某林是“话务组”负责人，负责“话务组”成员及作案工具的管理，传授作案技巧、协调“话务组”与“黑客组”“洗钱组”的联系，安排万某 2、郑某波、周某、姚某阳、魏某、陈某等人的工作。管某及董某丛、鲁某勇实际掌控“黑客组”，安排严某、杨某琦从事诈骗“黑客”的工作。

管某及董某丛犯罪集团除自身诈骗外，还为杨某、黄某、吴某、张某等犯罪团伙提供作案银行卡（一级卡）及“洗钱”等转移赃款服务，为吴某等诈骗团伙提供“黑客”服务，从中提成。林某团伙为犯罪集团“话务组”提供作案银行卡（一级卡）及“洗钱”等转移赃款服务。

董某丛参与诈骗作案 179 起，诈骗金额 4215607 元；鲁某勇、付某参与诈骗作案 173 起，诈骗金额 4118407 元；严某、杨某琦参与诈骗作案 107 起，诈骗金额 2759179 元；万某威参与诈骗作案 135 起，诈骗金额 3057403 元；万某 1、曾某、岳某磊参与诈骗作案 78 起，诈骗金额 1867707 元；王某参与诈骗作案 75 起，诈骗金额 1746630 元；郑某林参与诈骗作案 104 起，诈骗金额 2713873 元；陈某参与诈骗作案 62 起，诈骗金额 1734597 元；姚某阳、魏某参与诈骗作案 57 起，诈骗金额 1511107 元；周某参与诈骗作案 47 起，诈骗金额 1202766 元；万某 2 参与诈骗作案 34 起，诈骗金额 774162 元；郑某波参与诈骗作案 21 起，诈骗金额 573472 元。

【案件焦点】

如何根据在案证据认定各被告人参与作案时间和犯罪金额。

【法院裁判要旨】

湖北省安陆市人民法院经审理认为：董某丛、鲁某勇、郑某林、严某、杨某琦、付某、万某 1、岳某磊、曾某、陈某、姚某阳、王某、魏某、万某威、周某、万某 2、郑某波以非法占有为目的，利用通信工具、互联网等电信手段，多次骗取他人财物，数额特别巨大，其行为构成诈骗罪。姚某阳在刑罚执行完毕后五年以内再犯罪，系累犯，应当从重处罚。郑某波案发后能够自动投案并如实供述自己的罪行，系自首，可以从轻或减轻处罚。付某、万某威能够积极协助公安机关侦破案件，系重大立功，可以减轻处罚。董某丛纠集多人到境外实施电信诈骗犯罪活动，成员之间分工明确，互相配合，形成了较为固定的犯罪组织，系犯罪集团。董某丛为组织者、领导者，系犯罪集团的首要分子，应当按照集团所犯的全部罪行处罚。鲁某勇、郑某林分别负责“洗钱组”和“话务组”的管理，指挥组内人员实施犯罪活动，协调犯罪小组之间的联系，在该犯罪集团中起组织、领导和协调作用，是犯罪集团的骨干成员，系主犯，应当按照其所参与的或者组织、指挥的全部犯罪处罚。陈某、姚某阳、魏某、周某、万某2、郑某波组成“话务组”，严某、杨某琦组成“黑客组”，付某、万某1、岳某磊、曾某、王某、万某威组成“洗钱组”，共同实施电信诈骗行为，在犯罪集团中均起次要作用，系从犯，应当从轻或减轻处罚。

对被告人及其辩护人提出的关于各被告人参与时间与诈骗数额的问题。经查，根据被告人的出行时间、被告人供述、在案物证等证据，郑某林的出行信息显示其到昆明的时间为2019年2月20日，其本人没有供述参与诈骗作案的起止时间，结合付某等人的供述，认定郑某林参与诈骗作案的起止时间为2019年3月11日至7月12日。认定诈骗作案104起，诈骗数额2713873元。

严某、杨某琦的出行信息显示其到昆明的时间为2019年3月5日，其本人供述参与诈骗作案的起止时间为2019年6月至7月，结合付某、董某丛、鲁某勇等人的供述，付某供述，严某、杨某琦参与诈骗作案的时间为2019年3月至7月，认定严某、杨某琦参与诈骗作案的起止时间为2019年3月11日至7月12日，诈骗作案107起，诈骗数额2759179元。

根据鲁某勇、付某的供述，二人参与诈骗作案173起（2019年3月11日至7月12日），诈骗数额4118407元。

曾某、万某1、岳某磊的出行信息显示其到昆明的时间分别为2019年4月8日、4月26日、4月26日，三人供述参与诈骗作案的起止时间为2019年4月底至7月，结合付某、董某丛、鲁某勇等人的供述，付某供述，曾某、万某1、岳某磊参与诈骗作案的时间为2019年5月至7月，认定曾某、万某1、岳某磊到缅甸参与诈骗作案的起止时间为2019年5月1日至7月12日，参与诈骗作案78起，诈骗数额1867707元。

陈某的出行信息显示其到昆明的时间为2019年4月8日，其本人供述参与诈骗作案的起止时间为2019年6月1日至7月12日，结合万某1等人的供述及2019年4月23日郑某林团伙女性成员与董某1的聊天记录截图中有陈某参与诈骗算账记录，认定陈某参与诈骗作案的起止时间为 2019 年 4 月 23 日至 7 月 12 日，参与诈骗作案 62 起，诈骗数额 1734597 元。

姚某阳的出行信息显示其到昆明的时间为 2019 年 2 月 20 日，其本人供述参与诈骗作案的起止时间为 2019 年 6 月 20 日至 7 月 12 日，结合付某、万某 2 等人的供述，付某供述姚某阳参与诈骗作案的时间为 2019 年 5 月至 7 月，认定姚某阳参与诈骗作案的起止时间为 2019 年 5 月 1 日至 7 月 12 日。参与诈骗作案 57 起，诈骗数额 1511107 元。

万某 2 供述其参与诈骗作案的起止时间为 2019 年 3 月 23 日至 4 月 25 日，结合 2019 年 4 月 23 日郑某林团伙女性成员与董某 1 的聊天记录截图中有万某 2 参与诈骗算账记录，印证万某 2 于 2019 年 4 月 23 日参与诈骗的事实，因此万某 2 参与诈骗作案的起止时间为 2019 年 3 月 23 日至 4 月 23 日，参与诈骗作案 34 起，诈骗数额 774162 元。

王某供述其参与诈骗作案的起止时间为 2019 年 3 月 23 日至 5 月 2 日，结合万某 2 的供述，认定王某参与诈骗作案的起止时间为 2019 年 3 月 23 日至 4 月 23 日，参与诈骗作案 75 起，诈骗数额 1746630 元。

魏某的出行信息显示其到昆明的时间为 2019 年 4 月 9 日，其本人供述参与董某丛团伙诈骗作案的起止时间为 2019 年 5 月 1 日至 7 月 12 日，认定魏某参与诈骗作案的起止时间为 2019 年 5 月 1 日至 7 月 12 日，参与诈骗作案 57 起，诈骗数额 1511107 元。

万某威的出行信息显示其到昆明的时间为 2019 年 3 月 5 日，其本人供述参与董某丛团伙诈骗作案的起止时间为 2019 年 3 月至 6 月，认定万某威参与诈骗作案的起止时间为 2019 年 3 月 11 日至 6 月 15 日，参与诈骗作案 135 起，诈骗金额 3057403 元。

周某供述其参与诈骗作案的起止时间为 2019 年 3 月至 4 月，结合 2019 年 4 月 23 日郑某林团伙女性成员与董某 1 的聊天记录截图中有周某参与诈骗算账记录，印证周某 2019 年 4 月 23 日参与诈骗的事实，认定周某参与诈骗作案的起止时间为 2019 年 3 月 11 日至 4 月 30 日，参与诈骗作案 47 起，诈骗数额

1202766元。

郑某波供述其参与诈骗作案的起止时间为2019年4月7日至4月20日，结合2019年4月22日郑某林团伙女性成员与董某1的聊天记录截图中有郑某波参与诈骗算账记录，印证郑某波2019年4月22日参与诈骗的事实，因此郑某波参与诈骗作案的起止时间为2019年4月7日至4月22日，参与诈骗作案21起，诈骗数额573472元。

董某丛是犯罪集团首要分子，对该犯罪集团诈骗数额总额负责，参与诈骗作案179起（2019年3月11日至7月12日），诈骗数额4215607元。

湖北省安陆市人民法院依照《中华人民共和国刑法》第二百六十六条，第二十五条，第二十六条第一款、第二款、第三款，第二十七条，第六十五条第一款，第六十七条第一款、第三款，第六十八条，第六十四条的规定，作出如下判决：

一、被告人董某丛犯诈骗罪，判处有期徒刑十五年，并处罚金人民币40万元。

二、被告人鲁某勇犯诈骗罪，判处有期徒刑十五年，并处罚金人民币30万元。

三、被告人郑某林犯诈骗罪，判处有期徒刑十五年，并处罚金人民币30万元。

四、被告人严某犯诈骗罪，判处有期徒刑十一年，并处罚金人民币10万元。

五、被告人杨某琦犯诈骗罪，判处有期徒刑十一年，并处罚金人民币10万元。

六、被告人付某犯诈骗罪，判处有期徒刑七年八个月，并处罚金人民币5万元。

七、被告人万某1犯诈骗罪，判处有期徒刑九年九个月，并处罚金人民币8万元。

八、被告人岳某磊犯诈骗罪，判处有期徒刑十年，并处罚金人民币10万元。

九、被告人曾某犯诈骗罪，判处有期徒刑九年九个月，并处罚金人民币 8 万元。

十、被告人陈某犯诈骗罪，判处有期徒刑九年八个月，并处罚金人民币 8 万元。

十一、被告人姚某阳犯诈骗罪，判处有期徒刑十年，并处罚金人民币 10 万元。

十二、被告人王某犯诈骗罪，判处有期徒刑九年六个月，并处罚金人民币 8 万元。

十三、被告人魏某犯诈骗罪，判处有期徒刑九年四个月，并处罚金人民币 8 万元。

十四、被告人万某威犯诈骗罪，判处有期徒刑六年九个月，并处罚金人民币 3 万元。

十五、被告人周某犯诈骗罪，判处有期徒刑八年十一个月，并处罚金人民币 5 万元。

十六、被告人万某 2 犯诈骗罪，判处有期徒刑七年四个月，并处罚金人民币 5 万元。

十七、被告人郑某波犯诈骗罪，判处有期徒刑五年，并处罚金人民币 1 万元。

十八、责令被告人董某丛、鲁某勇、郑某林、严某、杨某琦、付某、万某 1、岳某磊、曾某、陈某、姚某阳、王某、魏某、万某威、周某、万某 2、郑某波向本案被害人退赔人民币 4215067 元。

十九、对随案移交的电脑、手机、POS 机、银行卡、电话卡等作案工具予以没收。

宣判后，鲁某勇、郑某林、杨某琦、岳某磊、曾某、陈某、姚某阳、王某、魏某、万某威、周某、万某 2、郑某波不服一审判决，提出上诉。湖北省孝感市中级人民法院经审理认为一审判决根据各被告人所犯的罪行、构成的罪名，犯罪的事实、情节，各种量刑情节，对照法定刑罚幅度，量刑适当。

湖北省孝感市中级人民法院依照《中华人民共和国刑事诉讼法》第二百三十六条第一款第（一）项之规定，作出如下裁定：

驳回上诉，维持原判。

【法官后语】

本案是诈骗团伙在境外利用电信网络实施诈骗的典型案件。诈骗金额、诈骗次数、诈骗手段、情节、危害后果等因素都会影响对被告人的量刑。本案各被告人分工明细，董某丛租赁诈骗窝点、招募作案成员、购买作案工具、联系诈骗业务及日常管理，郑某林负责管理“话务组”，鲁某勇负责管理“黑客组”和“洗钱组”。“话务组”拨打诈骗电话，“黑客组”假借金融管理平台，骗取被害人钱款，又利用网络赌博平台“洗白”赃款，“洗钱组”在境内各银行金融网点利用ATM机或柜台取现，共同实施电信诈骗犯罪活动或为其他电信诈骗团伙提供作案银行卡及“洗钱”等转移赃款服务，各被告人应对其参与期间该诈骗团伙实施的全部诈骗行为承担责任。在案证据证明：“话务组”除为犯罪集团拨打诈骗电话外，还为林某犯罪团伙提供话务服务，“洗钱组”除为犯罪集团的“话务组”提供洗钱服务外，还为杨某、黄某、吴某、张某等团伙提供洗钱服务；“黑客组”除为犯罪集团的“话务组”提供黑客服务外，还为吴某等团伙提供黑客服务。杨某诈骗团伙的诈骗作案的银行卡号全部是被告人鲁某勇通过QQ发送给杨某。共同实施电信诈骗犯罪的被告人，应当对其与期间共同犯罪人员诈骗金额承担全部责任。

因为电信诈骗团伙一般是分工实施诈骗活动，被告人通常会辩解“到达实施诈骗场所后没有马上从事诈骗活动”“一些被害人被诈骗时自己并未拨打电话”等。诈骗分子在组织者的领导下各有分工，彼此之间长期同处一室或同一诈骗平台，各被告人应当对其他参与者的行为有明确认知。被告人接受诈骗培训时主观上具有诈骗的故意，形成了共同犯罪故意，可以被告人接受诈骗培训时间作为参与犯罪的时间节点。因此，对于诈骗金额的认定以参与时间为准，被告人对于参与诈骗犯罪集团后，该集团所有的诈骗数额承担刑事责任。

编写人：湖北省安陆市人民法院　杨耀龙

23

非法买卖枪支罪中共犯的认定

——王某林、王某非法买卖枪支案

【案件基本信息】

1. 裁判书字号

湖北省荆门市中级人民法院（2019）鄂08刑终112号刑事裁定书

2. 案由：非法买卖枪支罪

【基本案情】

2016年1月的一天，被告人王某林与被告人王某电话联系，称自己手中有1支仿马克洛夫MP-654K手枪出售，要王某帮忙寻找买家，王某表示同意。后王某联系程某华购买该手枪，并用微信将王某林发送的几张手枪照片转发给程某华，程某华同意购买枪支。王某便将王某林的联系方式告知程某华，程某华与王某林联系后约定了交易时间和地点。

2016年2月2日22时许，王某林携带仿马克洛夫MP-654K手枪驾驶鄂H××8黑色雪佛兰轿车至屈家岭管理区农谷大道牛尾巴附近的约定地点等候，随后程某华与罗某平（另案处理）驾驶一辆皮卡车也到达约定地点，罗某平下车现场试枪后确认枪支能正常发射，即以18000元的价格购买了王某林持有的仿马克洛夫MP-654K手枪及10发子弹。

2018年4月2日，公安机关在京山县石龙镇熊坡村五组汪家坝水库内打捞到被丢弃的该仿马克洛夫MP-654K手枪及3发子弹。2018年4月16日，经某司法鉴定中心鉴定，该手枪为我国法律规定意义上的枪支，以火药为发射动力。

【案件焦点】

非法买卖枪支罪中，被告人辩称其不知枪支真假，未参与买卖枪支过程且未从中获利的，如何定罪。

【法院裁判要旨】

湖北省荆门市东宝区人民法院经审理认为：关于王某提出不知道枪支的真假，没有参与买卖枪支过程，也没有从中获利的辩解意见。经查，根据王某的相关人际关系、经历，可见王某对1.8万元买卖枪支的行为应有一定的辨识能力，但其仍积极联系买家，是否参与交易及获利均不影响其介绍买卖枪支的成立。根据相关司法解释规定，介绍买卖枪支的，以买卖枪支罪的共犯论处，对被告人的该辩解意见不予采纳。王某林、王某非法买卖以火药为动力发射枪弹的非军用枪支1支，其行为均已构成非法买卖枪支罪，公诉机关指控的罪名成立。

湖北省荆门市东宝区人民法院依照《中华人民共和国刑法》第一百二十五条第一款、第二十五条、第六十七条第三款、第六十九条第一款、第七十条、第七十七条、第六十四条，《最高人民法院关于审理非法制造、买卖、运输枪支、弹药、爆炸物等刑事案件具体应用法律若干问题的解释》第一条第一款第（二）项、第二款，作出如下判决：

一、被告人王某林犯非法买卖枪支罪，判处有期徒刑三年六个月。撤销湖北省沙洋县人民法院（2017）鄂0822刑初67号刑事判决书第一项“被告人王某林犯非法买卖枪支罪，判处有期徒刑三年，缓刑四年”中的缓刑部分。决定执行有期徒刑五年。

二、被告人王某犯非法买卖枪支罪，判处有期徒刑三年。

三、对被告人王某林的违法所得1.8万元予以追缴；对查扣的涉案枪支、弹药予以没收。

王某认为一审判决未充分考虑其主观恶性，系其法律意识淡薄所致情节，量刑过重，提起上诉。湖北省荆门市中级人民法院经审理认为：王某、王某林共同非法买卖以火药为动力发射枪弹的非军用枪支1支，其行为均已构成非法买卖枪支罪。关于王某及其辩护人提出的“一审判决未充分考虑其主观恶性小，量刑过重，请求改判较轻的刑罚”的上诉理由。经审查：一审判决根据王某的犯罪事实及情节，在法定刑幅度内对其处罚，量刑并无不当，故王某及其辩护人提出的该上诉理由不能成立，不予采纳。

湖北省荆门市中级人民法院依照《中华人民共和国刑事诉讼法》第二百三十六条第一款第（一）项之规定的规定，作出如下裁定：

驳回上诉，维持原判。

【法官后语】

本案处理重点主要在于对被告人主观明知的认定，以及是否获利是否影响罪行认定。

根据《最高人民法院关于审理非法制造、买卖、运输枪支、弹药、爆炸物等刑事案件具体应用法律若干问题的解释》的规定，介绍买卖枪支、弹药、爆炸物的，以买卖枪支、弹药、爆炸物罪的共犯论处。

具体到本案中，审理法院认为根据王某的相关人际关系、经历，王某对1.8万元买卖枪支的行为应有一定的辨识能力，但其仍积极联系买家，可体现王某介绍行为的主观故意。是否参与双方收付现金、交易枪支的具体过程及获利均不影响其介绍买卖枪支的成立。王某构成介绍买卖枪支，应以买卖枪支罪的共犯论处。

另关于本案中对王某的量刑，根据《最高人民法院关于审理非法制造、买卖、运输枪支、弹药、爆炸物等刑事案件具体应用法律若干问题的解释》第一条第一款第（二）项之规定，非法买卖以火药为动力发射枪弹的非军用枪支一支的，以非法买卖枪支罪定罪处罚，本案系在法定幅度内对王某处罚，量刑并无不当。

编写人：湖北省荆门市东宝区人民法院　杨小甜

24

司法鉴定报告如何采纳，公司总经理相较公司法人是否构成从犯

——张某萍、杜某星非法吸收公众存款案

【案件基本信息】

1. 裁判书字号

新疆维吾尔自治区奎屯市人民法院（2020）新 4003 刑初 24 号刑事判决书

2. 案由：非法吸收公众存款罪

【基本案情】

2017 年 7 月 5 日，被告人张某萍成立甲公司，公司设定法定代表人为张某萍，总经理为被告人杜某星。公司成立后，张某萍、杜某星未经有关部门批准，以委托理财、高额利息（月息 1.2%-1.5%）为回报，通过发放宣传单、业务员宣传的方式，向不特定群众非法吸收公众存款，吸收资金主要用于高额放贷。自公司成立至 2019 年 4 月，先后向 124 人吸收公众存款 3383.95 万元。集资参与人已收到公司支付利息 172.2657 万元，报案人实际损失 1289.7342 万元。

【案件焦点】

1. 某会计师事务所司法鉴定报告鉴定程序是否合法，是否应该被采纳；2. 杜某星是否构成从犯。

【法院裁判要旨】

新疆维吾尔自治区奎屯市人民法院经审理认为：被告人张某萍、杜某星未经有关部门批准，利用成立的甲公司，以委托理财、高息回报的方式，非法吸

收 124 人存款 3383.95 万元，数额巨大，扰乱金融秩序，均已构成非法吸收公众存款罪，应予依法惩处。公诉机关指控的罪名成立，量刑建议适当，予以采纳。二被告人归案后如实供述自己的罪行，依法可以从轻处罚。二被告人自愿认罪认罚，依法可以从宽处理。二被告人已退赔部分集资参与人损失，可酌定从轻处罚。杜某星取得部分集资参与人的谅解，可酌情从轻处罚。侦查机关已追缴的 250.2749 万元，按照比例退赔各集资参与人；杜某星退缴的红色别克小轿车依法处理后，按照比例退赔各集资参与人。剩余赃款应依法继续追缴，后按比例退赔各集资参与人。

张某萍的辩护人提出的辩护意见是：（1）对公诉机关指控被告人张某萍犯非法吸收公众存款罪无异议。（2）张某萍未能明确认识到自己的行为可能构成犯罪，主观上不属于明知故犯。（3）起诉书指控的犯罪数额中包含了集资参与人实际重复投资的金额，该部分数额应作为量刑情节考虑。（4）张某萍属初犯、偶犯。（5）张某萍具有坦白情节，可从轻处罚。（6）张某萍认罪悔罪态度较好，且自愿认罪认罚，可从宽处理。（7）张某萍在共同犯罪中作用较小，处于从属地位，可从轻处罚。（8）张某萍还有孩子需要抚养。本着有利于社会，有利于集资参与人的资金快速追回的目的，从轻判决。综上，考虑本案发生的社会原因及被告人的主观认识、事后表现，请求对张某萍从轻处罚。

杜某星的辩护人提出的辩护意见是：（1）杜某星自愿认罪认罚，可从宽处理。（2）集资参与人的投资打入公司账户的只有 906 万元，2477.95 万元是集资参与人续签合同重复投资的数额，应作为量刑情节考虑。（3）杜某星具有坦白情节，且协助办案机关通过查封、扣押、冻结等方式追回涉案财物约 250 万元，积极减少投资人损失。（4）杜某星为公司的总经理，不负责投资理财，仅负责公司的贷款审批及风控，主观恶性小，在犯罪活动中影响较小，刑罚应轻于张某萍。（5）杜某星系初犯、偶犯，主观上不明知，自己也是受害者，主观恶性小，犯罪情节较轻，认罪态度好。（6）杜某星取得了部分集资参与人的谅解。（7）杜某星主动向法院退缴名下车辆一辆。

关于张某萍、杜某星辩护人提出的二人主观上不属于明知的辩解意见，经查认为，张某萍、杜某星未经有关部门批准，通过发放宣传单、业务员宣传以委托理财的方式吸收集资参与人的资金，二人的行为在客观上具有非法性，且有相关证据予以证实，二人非法吸收公众存款的主观故意明显，对该辩护意见与庭审查明事实不符，法院不予采纳。

关于张某萍辩护人提出的“张某萍在共同犯罪中作用较小，处于从属地位”及杜某星辩护人提出的“杜某星在犯罪活动中影响较小，刑罚应轻于张某萍”辩护意见，经查认为，张某萍为甲公司的法定代表人，杜某星为公司总经理，公司经营委托理财项目，是二人共同商量后确定的经营决策，二人作为公司的共同管理者，在共同犯罪中作用相当，不宜区分主从犯，故二辩护人的相关辩护意见，法院不予采纳。

关于二辩护人对犯罪数额的辩解意见，经查认为，本案中吸收存款金额为3383.95万元（2017年8月至2019年4月），其中实际打入公司账户金额为906万元，合同续签金额为2477.95万元，集资参与人收回本金或者获得回报后又重新投资的数额不予扣除，但可以作为量刑情节考虑，相关辩护意见，法院予以采纳。

关于二辩护人对某会计师事务所司法鉴定报告的意见，经查认为，某会计师事务所司于2019年7月20日受理某市公安局的委托，于2020年6月30日作出鉴定结果，该鉴定机构因无法抗拒的原因导致不能在法定期间内作出结论，但在法定期间内已将初步鉴定意见反馈给了委托人，且该鉴定机构依据法定程序作出的结论，依法应予采信。张某萍的辩护人提出鉴定说明事项中的第4项、第5项未说明具体数额的意见，经查认为，因第4项、第5项未在公司账目中记录，故鉴定的数额中不包含这两项，若能说明具体的数额，则起诉书中指控非法吸收存款的金额远不止3383.95万元。二被告人及辩护人的其他辩护意见，与庭审查明事实相符且合理的部分，予以采纳。

新疆维吾尔自治区奎屯市人民法院依照《中华人民共和国刑法》第一百七十六条第一款、第二十五条第一款、第六十七条第三款、第六十四条、第五十二条、第五十三条第一款和《中华人民共和国刑事诉讼法》第十五条、第二百

条、第二百零一条之规定，判决如下：

一、被告人张某萍犯非法吸收公众存款罪，判处有期徒刑五年，并处罚金人民币25万元。

二、被告人杜某星犯非法吸收公众存款罪，判处有期徒刑五年，并处罚金人民币20万元。

三、侦查机关追缴的250.2749万元，按照比例退赔各集资参与人；被告人杜某星退缴的新××号红色别克小轿车依法处理，后按照比例退赔各集资参与人。继续追缴未追回的赃款，后按比例退赔各集资参与人。

【法官后语】

张某萍的辩护人对某会计师事务所司法鉴定报告的质证意见为：（1）鉴定时间超出法定时限，鉴定机构于2019年7月20日受理，于2020年6月30日作出，超出法定时限。（2）鉴定说明事项中的第4项、第5项未说明具体数额。（3）对鉴定数额的真实性存疑。杜某星的辩护人对某会计师事务所司法鉴定报告的质证意见为：对鉴定报告的合法性提出质疑，因鉴定时间过长，未在法定时间出具鉴定报告。

非法吸收公众存款案件中非法吸收的数额非常关键，司法鉴定中心出具的鉴定意见一般会成为最终对犯罪数额认定的重要依据。而本案中，张某萍的辩护人对鉴定意见有异议，对鉴定结论的真实性存疑，并认为鉴定程序不合法，案涉鉴定意见鉴定人的主体资质、鉴定程序合法，虽然辩护人对该鉴定结论的真实性存疑，但并未说明具体原因，故该鉴定意见予以采纳。

杜某星的辩护人认为其构成从犯的问题，共同犯罪是指二人以上共同故意犯罪，主体要件要求二人以上，主观要件必须共同的犯罪故意，客观要件是有共同犯罪行为。本案中，张某萍作为公司的法定代表人，杜某星为公司总经理，二人均为公司的管理者，公司经营委托理财项目，是二人协商后共同决定的，故二人的行为满足以上构成要件，系共同犯罪，二人在共同犯罪中，作用相当，没有谁比谁的作用小的问题，故不宜区分主从犯。

编写人：新疆维吾尔自治区奎屯市人民法院　杨艳霞

二、刑罚的具体运用

（一）量　刑

25

仅作“宣告式”认罪表示不能适用认罪认罚从宽制度

——余某勇等寻衅滋事案

【案件基本信息】

1. 裁判书字号

江西省南昌市中级人民法院（2020）赣 01 刑终 469 号刑事裁定书

2. 案由：寻衅滋事罪

【基本案情】

2009 年，江西省安义县某小组因修建高速被征用了部分山地、土方，政府补偿了 168 万元给该村。该补偿款开始由时任联合村委会出纳的被告人余某勇保管，后因村民不放心，经村小组商议和村委会同意，便将其中 110 余万元补偿款转交甲村村民杨丙保管。

2010 年 11 月，该村村民代表余甲召集被害人余乙等村民代表在安徽马鞍山市（该村村民主要务工经商地）讨论制订了一份土地补偿款分配方案（下称方案)，并征得了大部分村民同意。后该方案由余乙带回村里继续向其他村民征求意见。因该方案未经余某勇同意，余某勇便记恨于心。11 月 20 日 8 时许，当余乙从村民余某文家中征求完意见返回至家门口时，在此守候的被告人杨甲(余某勇妻子)要求在方案上签字，余乙拿出方案。杨甲突然抱住余乙，余某勇及被告人杨乙(余某勇丈人)、刘甲(余某勇丈母娘)从余乙家房屋旁冲出来抢夺方案。四被告人对余乙进行撕扯殴打，并将余乙打倒在地。当被害人魏甲(余乙母亲)听到余乙呼救声后，从家中出来阻止四人殴打余乙，四人又对魏甲进行撕扯殴打，方案也被四被告人抢走并撕毁。案发当日，余乙向公安机关报警。经检验，余乙、魏甲、杨甲所受伤均为轻微伤。

余某勇等四被告人抢走方案后，余某勇另行制订了一份土地补偿款分配方案，并由其实际控制。为报复制订原方案的召集人余甲，余某勇故意截留余甲一家人的土地补偿款，并将此款挪用。余甲家人多次催要未果，直至 2017 年，余某勇因犯挪用资金罪被追究刑事责任而退赃，余甲一家方才领取到土地补偿款 3.6 万元。2019 年 11 月 18 日，余某勇、杨甲、杨乙、刘甲分别被传唤归案。

【案件焦点】

仅作“宣告式”认罪，认可检察院提出的量刑建议，能否对其适用认罪认罚从宽制度，予以从宽处理。

【法院裁判要旨】

江西省安义县人民法院经审理认为：“认罪”是指被告人自愿如实供述自己的罪行，承认指控的犯罪事实。共同犯罪中，“如实供述自己的罪行”是指除如实供述自己的罪行外，还应当供述所知道的同案犯的共同犯罪的事实。据此，杨甲、刘甲既没有如实供述自己的罪行，也没有供述同案人余某勇、杨乙的犯罪事实，杨乙虽供述了自己参与殴打他人的事实，但没有如实供述同案人余某勇参与殴打他人的犯罪事实，三被告人不符合认罪认罚从宽处罚制度的相关要求，对三被告人不适用认罪认罚从宽处罚制度。故，对公诉机关及相关辩护人提出建议对三被告人适用认罪认罚从宽处罚制度的意见，不予采纳。余某勇、杨甲、杨乙、刘甲无事生非，逞强耍横，随意殴打他人，并致三人轻微伤，情节恶劣，其行为均已构成寻衅滋事罪。

江西省安义县人民法院依照《中华人民共和国刑法》第二百九十三条第一款第（一）项、第（三）项、第二百六十四条、第二十三条、第二十五条第一款、第二十六条第一款及第四款、第六十九条第一款及第三款、第六十四条，《最高人民法院、最高人民检察院关于办理寻衅滋事刑事案件适用法律若干问题的解释》第一条第一款、第二条第（一）项、第四条第（一）项之规定，经该院审判委员会讨论决定，作出如下判决：

一、被告人余某勇犯寻衅滋事罪，判处有期徒刑四年。

二、被告人杨甲犯寻衅滋事罪，判处有期徒刑一年二个月。

三、被告人杨乙犯寻衅滋事罪，判处有期徒刑一年。

四、被告人刘甲犯寻衅滋事罪，判处有期徒刑十个月。

五、责令被告人余某勇退赔违法所得人民币31000元，发还被害人魏甲人民币2万元，发还被害单位石鼻镇联合村甲村小组、乙村小组、石鼻镇向坊村丙村小组、黄洲镇圳溪村丁村小组人民币11000千元。

宣判后，余某勇、杨甲分别以无罪、量刑过重为由提出上诉，江西省南昌市中级人民法院认为原判认定事实清楚，证据确实充分，适用法律正确，量刑适当，审判程序合法。

江西省南昌市中级人民法院依照《中华人民共和国刑事诉讼法》第二百三十六条第一款第（一）项之规定，裁定如下：

驳回上诉，维持原判。

【法官后语】

1. 认罪认罚从宽制度中“如实供述”的内涵

《最高人民法院、最高人民检察院、公安部、国家安全部、司法部关于适用认罪认罚从宽制度的指导意见》规定，认罪认罚从宽制度中的“认罪”，是指犯罪嫌疑人、被告人自愿如实供述自己的罪行，对指控的犯罪事实没有异议。对此，“如实供述自己的罪行”，应当依照《中华人民共和国刑法》关于自首、坦白规定以及《最高人民法院关于处理自首和立功具体应用法律若干问题的解释》等规定予以把握，而刑法及相关解释对自首坦白的“如实供述”规定也很明确，即如实交代自己的主要犯罪事实。共同犯罪的，除要求被告人如实供述自己的罪行外，还应当供述所知道的同案犯的共同犯罪的事实。据此，我们认为“如实供述”是指对主要客观犯罪事实予以供述，最低应以所供述内容足以查清全部案件事实为限。

本案中，杨甲、刘甲既未供述其殴打他人的事实，也未供述同案犯参与殴打的事实；杨乙虽对自己殴打余乙、魏甲的事实供认不讳，但没有如实供述同案人余某勇参与殴打他人的犯罪事实，均不足以查清全案事实，需通过其他案件当事人的供述、证言相互印证，故本案三被告人的行为均不能认为“如实供述”。

2. “认罪”与“如实供述”的关系

从《最高人民法院、最高人民检察院、公安部、国家安全部、司法部关于适用认罪认罚从宽制度的指导意见》“认罪”的表述来看，认罪认罚从宽中的“认罪”包含两个基本内容，即如实供述+没有异议。对于“如实供述”的认定，如前所述，可参照自首、坦白的规定予以把握。那么，如果犯罪嫌疑人、被告人对指控的犯罪事实主观上表示认同，但缺乏“如实供述”这一客观供述，能否认定其为“认罪”。

对此，笔者认为“如实供述”与“没有异议”并无实质区别，“认罪”实质上就是“认事”，是悔过态度的外在表现，成立“认罪”只需要“如实供述”，即客观供述犯罪事实，不需要附加任何内容。理由是根据《最高人民法院关于处理自首和立功若干具体问题的意见》规定，“除供述自己的主要犯罪事实外，还应包括姓名、年龄、职业、住址、前科等情况”，即主要犯罪事实包括定罪事实与量刑事实，且根据影响定罪的严重程度，来决定是否成立“如实供述”。由此可见，“如实供述”其实包括了“对指控的犯罪事实没有异议”，依照《最高人民法院关于处理自首和立功若干具体问题的意见》所确定的认定标准，两者的认定标准是统一的，本质上没有区别。

据此，本案三被告人主观上虽对起诉指控的犯罪事实表示认同，且认可检察机关的量刑建议，客观上缺乏有效供述，对自己的犯罪行为没有实质性的认识，其“认罪”属“宣告式”的认罪表示，没有自愿性和真实性，不符合认罪认罚从宽处罚制度的“认罪”要求，不应适用认罪认罚从宽处罚制度，更不应从宽处理。因此，对公诉机关及相关辩护人提出的意见不予采纳。

编写人：江西省安义县人民法院　万艳

26

当交通肇事逃逸行为作为入罪条件时，不能再作为量刑情节重复评价

——刘某交通肇事案

【案件基本信息】

1. 裁判书字号

黑龙江省七台河市中级人民法院（2020）黑09刑终44号刑事判决书

2. 案由：交通肇事罪

【基本案情】

2019年8月15日14时许，被告人刘某无证驾驶未经检验并达到报废标准的黑K25×××号二轮摩托车，在某县C934公路由东向西行驶至4km+500m处时，与相对方向被害人滕某强醉酒行驶的无号牌二轮摩托车相撞，造成滕某强受伤，两车损坏的交通事故，发生事故后刘某弃车逃逸。滕某强伤后在某市医院、某县医院住院治疗4日，2019年8月18日，滕某强经抢救无效死亡。该起交通事故中滕某强也有过错，可以减轻刘某的责任，刘某应负该起事故的主要责任。经侦查，刘某于2019年8月19日主动到公安机关投案并如实供述犯罪

事实。另查明，二审诉讼期间，刘某亲属代为赔偿给滕某强近亲属各项经济损失共计人民币 2 万元。滕某强近亲属表示谅解，建议法院对刘某从轻处罚。

【案件焦点】

刘某逃逸情节是否构成交通肇事罪的入罪条件，原审判决量刑是否过重。

【法院裁判要旨】

黑龙江省勃利县人民法院经审理认为：被告人刘某违反交通运输管理法规，无证驾驶未经检验并达到报废标准的机动车辆发生交通事故，致一人死亡，被害人滕某强醉酒后无证驾驶无号牌二轮摩托车，具有过错，可以减轻刘某的责任，故刘某应负该起事故的主要责任，其行为已构成交通肇事罪。刘某为逃避法律追究，肇事后逃离事故现场，系逃逸，依法应予严惩。公诉机关指控刘某犯交通肇事罪的事实清楚，证据确实、充分，罪名成立，法院予以支持。刘某主动投案，到案后能如实供述自己的罪行，系自首，可以对其从轻处罚。刘某认罪认罚，依法对其从宽处罚，但刘某对滕某强的损失未能进行赔偿，故酌情考虑对其从宽的幅度。刘某有前科，酌定对其从重处罚。公诉机关的量刑建议不适当，法院不予采纳。

黑龙江省勃利县人民法院依照《中华人民共和国刑法》第一百三十三条、第六十七条第一款、第三十六条，《中华人民共和国侵权责任法》第十六条，《最高人民法院关于审理人身损害赔偿案件适用法律若干问题的解释》第十七条、第二十七条、第二十八条、第二十九条，《中华人民共和国刑事诉讼法》第十五条、第一百零一条第一款、第二百零一条的规定，判决如下：

一、认定被告人刘某犯交通肇事罪，判处有期徒刑三年。

二、被告人刘某赔偿附带民事诉讼原告人滕某年、毕某、李某凤、滕某雨诉请的医疗费、伙食补助费、护理费、误工费、死亡赔偿金、被抚养人滕某雨的生活费合计人民币 578336.65 元，此款于本判决生效后立即给付。

三、驳回附带民事诉讼原告人滕某年、毕某、李某凤、滕某雨其他诉讼请求。

宣判后，黑龙江省勃利县人民检察院提出抗诉。黑龙江省勃利县人民检察院认为在不考虑逃逸情节的情况下，刘某的违法情节为“无证、驾驶未经检验并达到报废标准的机动车辆”，滕某强违法情节为“醉驾、无证、无号牌”，且关于滕某强逆向行驶这一情节庭审时附带民事诉讼原告人与被告人均无异议，一审法院在不考虑逃逸的情况下，直接认定刘某负事故主要责任，之后将刘某逃逸情节作为加重情节进行评价，属适用法律错误，判决其有期徒刑三年显失公平。刘某逃逸系其构成交通肇事罪的入罪条件，法定刑为三年以下有期徒刑或者拘役。建议对刘某处以有期徒刑一年至二年，若赔偿被害人家属取得原谅，建议对其适用缓刑。二审出庭检察员支持抗诉机关的意见，建议对刘某判处有期徒刑一年六个月。

黑龙江省七台河市中级人民法院经审理认为：认定刘某的逃逸行为是本案的入罪要件，是基本犯罪事实，不能再作为量刑情节予以重复评价，进而在三年以上七年以下有期徒刑的量刑幅度内处刑，原判此节适用法律确有不当，对抗诉机关的抗诉意见予以支持。

黑龙江省七台河市中级人民法院依照《中华人民共和国刑事诉讼法》第二百三十六条第一款第（二）项，《中华人民共和国刑法》第一百三十三条、第六十七条第一款的规定，判决如下：

一、维持黑龙江省勃利县人民法院刑事判决第一项对原审被告人刘某的定罪部分。

二、撤销黑龙江省勃利县人民法院刑事判决第一项对原审被告人刘某的量刑部分。

三、原审被告人刘某犯交通肇事罪，判处有期徒刑一年五个月。

【法官后语】

刘某违反道路交通管理法规，致一人死亡，肇事后逃逸，应负事故主要责任，其行为构成交通肇事罪。关于抗诉机关所提原审判决将逃逸行为在定罪和量刑时重复评价，导致量刑不当的抗诉意见，经查，交警部门认定刘某负该起事故全部责任主要依据为其肇事后逃逸，但从事故车辆位置、撞击地点等现场勘验情况来看，滕某强系酒后驾车与刘某车辆相撞，滕某强存在过错，可减轻刘某的责任，依据《中华人民共和国道路交通安全法实施条例》第九十二条“发生交通事故后当事人逃逸的，逃逸的当事人承担全部责任。但是，有证据证明对方当事人也有过错的，可以减轻责任”的规定，认定刘某负事故的主要责任。刘某的逃逸行为是本案的入罪要件，是基本犯罪事实，不能再作为量刑情节予以重复评价，进而在三年以上七年以下有期徒刑的量刑幅度内处刑，原判此节适用法律确有不当，对抗诉机关的抗诉意见予以支持。综上，原判认定事实清楚，证据确实、充分，另外综合考虑刘某对被害人近亲属进行赔偿，并取得谅解，认罪认罚，且具有前科等情节，对刘某的量刑予以适当调整。

编写人：黑龙江省七台河市中级人民法院　关勇

（二）自首和立功

27

自首与认罪认罚从宽的界分与衔接

——娄某等违法发放贷款案

【案件基本信息】

1. 裁判书字号

湖南省长沙市中级人民法院（2020）湘01刑终97号刑事裁定书

2. 案由：违法发放贷款罪

【基本案情】

中国银行业监督管理委员会某监管局于2007年5月23日批复同意常德市

某区农村信用合作联社及所辖信用社开业，业务范围包括吸收公众存款、发放短期、中期和长期贷款等。2016 年 3 月 30 日，中国银行业监督管理委员会某监管局批复同意某农村商业银行股份有限公司开业，同时常德市某区农村信用合作联社及所辖信用社自行终止，债权债务由某农村商业银行承接。时任某农村商业银行行长及行政管理人员的被告人梁某、娄某、王某均有违法发放贷款的犯罪事实。娄某、梁某、王某对指控的犯罪事实均供认不讳，均自愿认罪认罚，没有提出实质性辩解意见。

【案件焦点】

被告人娄某、梁某、王某是否构成自首，法院以认定自首为由不采纳检察机关量刑建议是否违反认罪认罚从宽制度。

【法院裁判要旨】

湖南省长沙市岳麓区人民法院经审理认为：被告人娄某、梁某、王某身为金融机构的工作人员，在贷款发放过程中，不认真履行职责，违反信贷规定，违法发放贷款，数额巨大，其行为均已构成违法发放贷款罪，依法均应追究刑事责任。公诉机关指控娄某、梁某、王某犯违法发放贷款罪的罪名成立。娄某、梁某、王某均在接到公安机关的电话通知或者公安机关委托他人电话通知后，未受到讯问时，主动到案，并如实供述了自己的罪行，可认定为自首，依法可以从轻处罚。

湖南省长沙市岳麓区人民法院依照《中华人民共和国刑法》第一百八十六条、第六十七条第一款的规定，作出如下判决：

一、被告人娄某犯违法发放贷款罪，判处有期徒刑一年七个月，并处罚金人民币 5 万元。

二、被告人梁某犯违法发放贷款罪，判处有期徒刑一年六个月，并处罚金人民币 5 万元。

三、被告人王某犯违法发放贷款罪，判处有期徒刑一年四个月，并处罚金人民币 4 万元。

湖南省长沙市岳麓区人民检察院抗诉及湖南省长沙市人民检察院支持抗诉认为：(1) 原审认定娄某、梁某、王某构成自首系事实认定错误，三人被电话通知到案之前其犯罪事实已被公安机关掌握并且已经以人立案；娄某在到案之前已经因为同种罪行被司法机关采取了取保候审的强制措施，且供述的系与司法机关已经掌握的其本人的同种罪行，不能以自首论。(2) 原审适用认罪认罚程序，公诉机关的量刑建议已充分考虑三人如实供述等量刑情节，三人对量刑建议亦自愿接受。原审判决以认定自首为由在公诉机关量刑建议的基础上再降低量刑属于重复评价，违反了认罪认罚制度的相关规定，且三人发放贷款金额均在 3500 万元以上，且发放贷款对象系“5.27”涉黑专案黑社会成员，故原审对三人的量刑畸轻。

湖南省长沙市中级人民法院经审理认为：原审被告人娄某、梁某、王某身为金融机构的工作人员，在贷款发放过程中，不认真履行职责，违反信贷规定，违法发放贷款，数额巨大，其行为均已构成违法发放贷款罪。娄某、梁某、王某均在接到公安机关的电话通知或者公安机关委托他人电话通知后，未被采取强制措施前，主动到案，并如实供述了自己的罪行，可以认定为自首，依法可以从轻处罚。原审判决认定的事实清楚，定罪准确，量刑适当，审判程序合法。抗诉机关的抗诉意见不成立，法院不予支持；娄某、梁某、王某各自辩护人的辩解、辩护意见成立，法院予以采纳。据此，依照《中华人民共和国刑事诉讼法》第二百三十六条第一款第（一）项之规定，裁定如下：

驳回抗诉，维持原判。

【法官后语】

本案处理重点主要在于三被告人是否构成自首，法院以认定自首为由不采纳检察机关量刑建议是否违反认罪认罚从宽制度。

自首是司法实践中较为常见、又非常复杂、争议较大的问题。根据 1998 年《最高人民法院关于处理自首和立功具体应用法律若干问题的解释》的规定，自动投案可分为两种，第一种是典型的自动投案，即“犯罪事实或者犯罪嫌疑人未被司法机关发觉，或者虽被发觉，但犯罪嫌疑人尚未受到讯问、未被采取强制措施时，主动、直接向公安机关、人民检察院或者人民法院投案"；第二种是视为自动投案的情形，虽然不完全具备典型自动投案的特征，但体现了投案主动性和自愿性的本质属性。在实践适用的过程中，对电话传唤到案是否可以认定为自首争议较大，电话传唤到案虽然具备自动投案的基础条件，但由于个案的差异和该程序本身的不完善性，所以对该行为的认定不能一概而论。

首先，传唤不属于强制措施。被传唤后归案符合《最高人民法院关于处理自首和立功具体应用法律若干问题的解释》第一条第（一）项规定的"尚未受到讯问、未被采取强制措施时"的时间范围。犯罪嫌疑人被公安机关电话传唤后直接到案可以体现其归案的主动性，具备了认定为主动投案的基础条件。其次，从主动性和自愿性来看，犯罪嫌疑人在接到公安机关的电话通知后，其人身自由尚未受到限制，可以选择拒不到案，甚至可以选择逃跑，其能主动到案接受调查，表明其具有认罪悔改、接受惩罚的主观心态，具有归案的主动性和自愿性，属于自动投案。《最高人民法院关于处理自首和立功具体应用法律若干问题的解释》中尚有"犯罪后逃跑，在通缉、追捕过程中，主动投案的"视为自动投案的规定，而仅仅受到传唤便直接归案的，反而不视为自动投案，于法于理不通，也不符合立法本意。

在本案中，梁某是经单位纪检书记通知，自己打电话给办案民警，主动去派出所接受调查；王某是经电话通知后主动、直接前往派出所配合调查。二被告人在接到公安机关的电话通知时，人身自由尚未受到任何限制，对去还是不去有自主选择权。其选择前往派出所接受调查，体现了主动、自愿地将自己置于公安机关的控制之下，应当视为自动投案。娄某虽因其他违法发放贷款事实被当地公安局立案侦查并采取取保候审的强制措施，取保候审期间其他办案单位委托当地公安局电话通知其接受调查，其自行前往指定办案地点，但其之前所被侦查的事实与本案犯罪事实并无关联性，已进行的强制措施并不是因本案犯罪而被采取，故其被电话传讯到案亦应被认定为自动投案。三被告人到案后均如实供述犯罪事实，并签署了认罪认罚具结书，故均应认定为自首。

《中华人民共和国刑事诉讼法》第二百零一条对于人民法院在认罪认罚案

件判决时提出的基本要求是“对于认罪认罚案件，人民法院依法作出判决时，一般应当采纳人民检察院指控的罪名和量刑建议”，即通常情况下量刑建议和裁判结论基本一致。“一般应当”基本上明确了在认罪认罚案件中检察机关和审判机关在量刑问题上的权力定性与定量问题，即“一般”二字定性，“应当”二字定量。虽检察机关的“求刑权”效力显著增强，但“量刑权”仍然最终归属审判机关所有。对于人民法院“一般”应当采纳量刑建议的表述，说明应当采纳是原则，但也包含了存在人民法院可以不采纳的例外情况，在检察机关量刑建议存在“明显不当”时，法院依然可以拒绝采纳。但对于何种情况下才属于“明显不当”，当前仍缺乏有效的规范指引，法院在审查量刑建议时仍然保有相当范围的自由心证空间。在此空间范围内，法官对于“明显不当”中“明显”的审查结果可能出现异化。当量刑建议与法官心证结果的出入过大时，量刑建议应当可被认定为“明显”不当。是否“明显”不当的要素认定，不完全是一个主观问题，审判机关必须客观认定“明显不当”中的“明显”要素，对于“明显”不当的评价仍然要符合一般的认知标准和经验法则。对于“明显”不当的理解，通常反映出的是量刑畸轻畸重的情形。在具体判断时可以从量刑建议违反罪责刑相适应原则的严重程度、与同类案件处理结果的不一致程度和违背一般司法认知严重程度等方面具体把握。例如在实践中已经发生了法官在量刑建议基础上仅调整一个月的情况，“一个月”的差异能否构成“明显”不当的判断就很值得商榷。而在本案中，自首的认定与否，这之间的差异被认定为“明显”差异，就无可厚非了。故一审法院以认定自首为由未采纳检察机关量刑建议并未违反认罪认罚制度的相关规定。

法检双方思考问题的角度和所处角色的差异，导致对量刑很容易得出不一样的结果。类似自首与认罪认罚制度在量刑方面缺少法检共同认可的统一的量刑方法作为参考，双方的界分与衔接体现出了在具体的量刑建议中可能出现的与法官自由裁量权相冲突的问题，应引起广泛重视以期得到有效解决。

编写人：湖南省益阳市资阳区人民法院　许燕

28

行为人被采取强制措施又犯同种罪行时主动投案的自首认定

——戴某诈骗案

【案件基本信息】

1. 裁判书字号

江苏省无锡市锡山区人民法院（2020）苏0205刑初340号刑事判决书

2. 案由：诈骗罪

【基本案情】

2019年9月29日，被告人戴某使用被害人胡某提供的其丈夫唐某东的信用卡，采用刷卡购买平板电脑再转卖的方式帮助胡某套现。在套现所得的27000元转账至唐某东银行卡后，戴某为非法占有该笔款项，虚构该笔转账系转错的事实，让胡某再转给其，从而骗得该27000元供自己个人使用；2019年10月，戴某又在微信上冒充风控专员，虚构唐某东套现的事情已被银行发现，需要强制还款的事实，从胡某处骗得17000元供自己使用。以上，共计骗得胡某44000元。戴某被公安机关抓获归案，于2019年11月27日被刑事拘留，2019年12月26日被取保候审。

2020年2月11日，戴某在实际没有口罩货源的情况下，在自己微信朋友圈发布销售口罩的广告，骗取被害人高某钱款共计131100元，全部用于归还个人欠款。2020年2月14日，戴某在高某的要求下，归还了20000元，截至案发尚有111100元未退还高某。2020年2月17日，经民警电话通知，戴某至某派出所投案，并如实供述了自己诈骗高某的事实。

【案件焦点】

行为人因涉嫌诈骗罪被采取强制措施，取保候审期间又犯同种罪行，经电话通知后主动投案，该行为是否构成自首。

【法院裁判要旨】

江苏省无锡市锡山区人民法院经审理认为：被告人戴某以非法占有为目的，虚构事实、隐瞒真相骗取他人钱财，数额巨大，其行为已构成诈骗罪。江苏省无锡市锡山区人民检察院起诉指控戴某犯诈骗罪，事实清楚，证据确实、充分，指控的罪名成立，法院予以支持。戴某归案后能如实供述自己的犯罪事实，自愿认罪认罚，依法可以从轻处罚。戴某在防控期间假借销售用于防控的物品名义骗取他人财物，应予从重处罚。

关于戴某是否构成自首，法院认为，戴某因涉嫌犯诈骗罪被公安机关抓获，后被刑事拘留、取保候审，在取保候审期间不思悔改，再次实施同种犯罪诈骗罪，经民警电话通知后投案，如实供述同种犯罪诈骗罪的犯罪事实。戴某虽投案，但其已因诈骗罪被公安机关抓获，并采取强制措施，如实供述同种犯罪事实，不构成自首，应认定为坦白。江苏省无锡市锡山区人民检察院起诉指控第二笔诈骗构成自首的公诉意见、量刑意见以及戴某及其辩护人提出的辩解、辩护意见，法院不予采纳。

江苏省无锡市锡山区人民法院依照《中华人民共和国刑法》第二百六十六条、第六十七第三款、第六十四条及《中华人民共和国刑事诉讼法》第十五条之规定，判决如下：

被告人戴某犯诈骗罪，判处有期徒刑四年六个月，并处罚金人民币10000元。

【法官后语】

本案的争议焦点为行为人因涉嫌诈骗罪被采取强制措施，又犯同种罪行，经电话通知后主动投案，该行为是否构成自首。审理中存在两种意见。

第一种意见认为，戴某因涉嫌犯诈骗罪被取保候审，在此期间又犯罪，但能自动投案，构成自首。第二种意见认为，戴某因涉嫌犯诈骗罪被取保候审，如实供述同种罪行，不构成自首。笔者同意第二种意见，戴某的行为不构成自首，属于坦白。具体理由如下。

1. 根据《最高人民法院关于处理自首和立功若干具体问题的意见》的规定，犯罪嫌疑人多次实施同种罪行的，其主动投案，应当综合考虑已交代的犯罪事实与未交代的犯罪事实的危害程度，决定该罪行能否认定具有自首情节。根据该文件的精神，同一罪名不应当部分罪行认定自首，另一部分罪行不认定自首。

2. 戴某的行为不符合准自首的成立条件。《中华人民共和国刑法》第六十七条第二款规定，被采取强制措施的犯罪嫌疑人、被告人和正在服刑的罪犯，如实供述司法机关还未掌握的本人其他罪行的，以自首论。该规定明确了准自首的成立条件：（1）主体是被采取强制措施的犯罪嫌疑人、被告人和正在服刑的罪犯。（2）如实供述司法机关尚未掌握的其他罪行。根据司法解释，其他罪行的罪名与司法机关已掌握犯罪的罪名不同，但如实供述的其他犯罪与司法机关已掌握的犯罪属选择性罪行或者在法律、事实上密切关联，应认定为同种罪行。《最高人民法院关于处理自首和立功具体应用法律若干问题的解释》第四条规定，被采取强制措施的犯罪嫌疑人、被告人和已宣判的罪犯，如实供述司法机关尚未掌握的罪行，与司法机关已掌握的或者判决确定的罪行属同种罪行的，可以酌情从轻处罚。戴某因诈骗罪被抓获，前罪属于被动归案，后戴某被公安机关取保候审，取保候审期间应保证随传随到，经公安机关电话传唤到案，如实供述同种罪行，不构成准自首，系坦白。

3. 自首的立法本意，一方面促使犯罪嫌疑人悔过自新，另一方面节约司法资源，使案件得以及时侦办处理。被告人戴某因前罪被抓获，被采取强制措施期间不思悔改，再次犯同种罪行，因前罪系被动归案，其虽经公安机关通知主动到案，但违背自首的立法精神，所犯同种罪行不构成自首。

编写人：江苏省无锡市锡山区人民法院　王万钰

29

“电话通知”到案的自动投案认定及自首情节的刑罚裁量

——罗某某危险驾驶案

【案件基本信息】

1. 裁判书字号

北京市石景山区人民法院（2020）京 0107 刑初 130 号刑事附带民事判决书

2. 案由：危险驾驶罪

【基本案情】

2020 年 4 月 20 日 21 时许，被告人罗某某酒后驾驶蓝色福田牌轻型栏板货车行驶至北京市石景山区苹果园南路东口迤西 100 米处时发生交通事故，车辆与道路西侧路灯杆接触，造成车辆及路灯杆损坏。经检验，罗某某血液中酒精含量为 240.7mg/100mL。经北京市公安局公安交通管理局某交通支队认定，罗某某负事故的全部责任。2020 年 6 月 1 日，罗某某经民警电话通知到案，并如实供述了上述事实。罗某某已赔偿被撞路灯杆损失。

【案件焦点】

犯罪嫌疑人接到司法机关的电话通知后，自动到司法机关接受询问或调查，并如实供述自己罪行的，能否认定为自首以及如何进行刑罚裁量。

【法院裁判要旨】

北京市石景山区人民法院经审理认为：被告人罗某某醉酒后在道路上驾驶机动车，其行为已构成危险驾驶罪，依法应予惩处。北京市石景山区人民检察院指控罗某某犯危险驾驶罪的事实清楚，证据确实、充分，指控的罪名成立。罗某某血液酒精含量达到 200mg/100mL 以上且负事故全部责任，故对其依法从重处罚。鉴于罗某某犯罪以后自动投案，到案后如实供述犯罪事实，系自首，且积极赔偿经济损失，自愿签署认罪认罚具结书，故对其依法从轻处罚。

北京市石景山区人民法院依照《中华人民共和国刑法》第一百三十三条之一第一款第（二）项、第六十七条第一款、第四十二条、第四十四条、第五十二条、第五十三条、第六十一条，《最高人民法院关于适用财产刑若干问题的规定》第五条及《中华人民共和国刑事诉讼法》第十五条之规定，作出如下判决：

被告人罗某某犯危险驾驶罪，判处拘役三个月，并处罚金人民币 3000 元。

【法官后语】

本案的焦点主要有两个，一是“电话通知”到案的自动投案认定，二是“电话通知”下自首情节的刑罚裁量。

电话通知是办案机关采用的一种非正式通知的办案方式，不是强制措施，不具有强制力。具体到本案，罗某某经电话通知后，其人身自由并未受到限制或者强制，对于是否到案其具有完全自主的选择权，可以选择归案，也可以选择拒绝到案或者逃跑，而其能够主动到案，就证明其有自愿将自己置于办案机关控制之下的客观行为，具有认罪悔改、愿意接受国家机关惩罚的主观意愿，即投案行为具有自动性、主动性。司法解释将被通缉、追捕中的犯罪嫌疑人的自动投案行为视为自动投案，其原因不外乎是被通缉、追捕中的犯罪嫌疑人，在有条件选择继续藏匿、逃跑的前提下，主动到办案机关投案，其投案行为就具有了主动性，再加上其到案后的如实供述行为，因而成立自首。基于“举重以明轻”的法理分析，人身危险性比通缉、追捕要小，到案的主动性和自愿性比通缉、追捕要大，适应范围比通缉、追捕到案要广泛，节省办案资源比通缉、追捕到案要多的电话通知到案就更加应当认定为自动投案，若到案后能够如实供述自己的罪行，就应当成立自首。

《中华人民共和国刑法》第六十七条规定，对于自首的犯罪分子，可以从轻或减轻处罚。是否从轻、减轻处罚还要综合考虑犯罪嫌疑人的犯罪情节是否恶劣，犯罪手段是否残忍，认罪态度好坏等因素。对于犯罪情节恶劣、犯罪手段残忍、认罪态度不好的犯罪嫌疑人自首的可以不从轻减轻处罚。同时对于不同自首类型的被告人在从轻、减轻、免除处罚的幅度也不相同，对于犯罪情节、手段、认罪态度相似的被告人，对其从轻、减轻处罚的幅度要综合考虑被告人对于办案机关在侦破案件过程中所起的作用大小。具体到本案，罗某某血液酒精含量达到200mg/100mL以上，且酒后驾车发生交通事故并负事故的全部责任，犯罪情节较为恶劣。此外，事故发生后，公安机关在第一时间赶到现场，测量罗某某人体呼出气体中的酒精含量及血液中的酒精含量，基本上已掌握了整个案件的基本事实，尽管罗某某到案后如实供述所有罪行，但在侦破案件中并未起到关键性作用。经考虑到罗某某到案后认罪悔罪态度好，综合全案情节，故对其从轻处罚。

编写人：北京市石景山区人民法院　万义强

30

在案发地的临近地点等候亦可构成“等待型”自首

——李某程放火案

【案件基本信息】

1. 裁判书字号

北京市石景山区人民法院（2020）京0107刑初121号刑事判决书

2. 案由：放火罪

【基本案情】

自2019年12月下旬，被告人李某程在北京市石景山区某产业园担任保安员。后因未按时发放工资、工作待遇差等事由，李某程欲引发关注进而解决其诉求。2020年2月26日17时许，李某程以点燃棉被的方式在北京市石景山区某产业园2号楼地下三层保安队长宿舍内放火，引燃屋内办公设备及方便面等物品，造成室内明火，并致台式计算机、打印机、电话、桌椅等物品被烧毁。后该层的其他人员将火扑灭并报警。李某程于案发当日在现场被民警抓获。

【案件焦点】

被告人犯罪后在案发地的临近地点等候，经询问后告知自身所在位置并自愿接受控制，能否认定为在现场等待并构成"等待型自首"。

【法院裁判要旨】

北京市石景山区人民法院经审理认为：被告人李某程故意在楼宇内放火，危害公共安全，虽尚未造成严重后果，但其行为已构成放火罪，依法应予惩处。北京市石景山区人民检察院指控李某程犯放火罪的事实清楚，证据确实、充分，指控的罪名成立。鉴于李某程系自首，可依法对其从轻处罚。关于辩护人提出的李某程系初犯、自首、放火行为未造成严重后果的辩护意见，与法院查明的事实一致，予以采纳；其他辩护意见，不予采纳。

北京市石景山区人民法院依据《中华人民共和国刑法》第一百一十四条，第六十七条第一款、第四十五条、第四十七条、第六十四条、第六十一条之规定，判决如下：

一、被告人李某程犯放火罪，判处有期徒刑三年二个月。

二、扣押于公安机关的作案工具打火机一个，予以没收。

【法官后语】

根据《最高人民法院关于处理自首和立功若干具体问题的意见》的规定，"等待型自首"的成立要求被告人"明知他人报案而在现场等待，抓捕时无拒捕行为，供认犯罪事实的"，然而"现场"的含义和范围如何界定，法律并无明确说明，可能存在"案发现场""作案现场""报案现场"等多种解释。实践中，被告人所处地点是否属于“现场”应当结合具体案情，充分考虑立法原意，重点分析案中行为人位置的相近性、人身的可控性、等待的可能性等客观因素，进行综合且全面的判断。

具体到本案，认定李某程等待地点属于“现场”的理由有以下几点：其一，李某程等待的地点与案发地点属于同一栋楼的同一楼层，与案发原地位置相近且具有一定的关联性，使得李某程具备短时间内被找到和及时回到案发原地的空间条件。其二，李某程在案发原地的临近地点等候并非因为便于隐匿躲藏，相反，其在等候过程中始终保持通信畅通并告知他人自己的真实位置信息，使自己暴露于他人控制范围之内，符合“在现场等待”的立法意图。其三，李某程的放火行为本身具有社会危害性，着火现场的火焰和浓烟对人身安全亦产生严重威胁，即便是作为放火者的李某程，在面对危险时仍同正常人一样具有避险需求和自保本能，要求其在原地寸步不离地等待是不切实际的。综上，将李某程在案发原地临近地点等待的情节认定为“在现场等待”，属于有利于行为人的类推解释，应当被刑法所允许。

另外，李某程的行为也符合自首的本质。综合全案来看，李某程是在他人完全不知情的情况下实施了放火行为，其放火后至被他人察觉有作案嫌疑前，李某程有充足时间和机会从现场逃离或者藏匿起来。但是，李某程在无外力强迫且不存在阻碍其逃跑因素的情况下，面对躲避追究的机会，能逃而选择不逃。这反映出李某程主观上明知放火行为将受到法律惩处且公司正在寻找自己，并无逃跑意图，愿意将自己置于司法机关的控制之下。在客观上，李某程在电话中告知他人其所在位置信息，并在原地等待使他人能够找到自己，在明知他人报警后并无逃跑和反抗行为，到警后接受且配合公安的控制措施。李某程的一系列行为表明其具有投案意愿，愿意将自己交付国家追究其责任，符合自首的本质。

综上，本案可认定李某程的行为构成自首。

编写人：北京市石景山区人民法院　赵丹阳

31

自首情节中“如实供述自己罪行”的时间节点辨析

——李某建交通肇事案

【案件基本信息】

1. 裁判书字号

江西省萍乡市中级人民法院（2020）赣03刑终113号刑事判决书

2. 案由：交通肇事罪

【基本案情】

2020年5月16日7时29分许，被告人李某建无证驾驶无号牌普通二轮摩托车从萍乡市湘东区荷尧镇青云村往湘东区湘东镇方向行驶，途经某村沙溪组路段时与被害人杨某秀发生碰撞。事故发生后，李某建未停车查看立即驾车逃逸。2020年5月16日，公安交警部门对李某建第一次询问时，李某建否认交通肇事逃逸事实，同年5月17日在第二次询问时才承认交通肇事逃逸事实。2020年5月27日，杨某秀经医院抢救无效死亡。2020年5月28日，公安机关对李某建交通肇事案立案侦查，同年5月29日电话通知李某建到公安机关接受调查，李某建到案后如实供述了犯罪事实。同日，公安机关认定李某建负该次交通事故的全部责任。

【案件焦点】

李某建是否构成自首及自首时间节点的确定。

【法院裁判要旨】

江西省萍乡市湘东区人民法院经审理认为：被告人李某建违反道路交通运

输管理法规，在发生交通事故后逃逸，致一人死亡，其行为已构成交通肇事罪，公诉机关指控的犯罪成立，对李某建应依法惩处。李某建主动到案后如实供述自己的罪行，系自首，依法可减轻处罚。李某建部分赔偿被害人家属的损失，可酌定从轻处罚。辩护人提出李某建具有自首情节且已部分赔偿被害人家属的损失，请求减轻处罚的辩护意见予以支持，其他辩护意见与法律不符，不予采纳。

江西省萍乡市湘东区人民法院依照《中华人民共和国刑法》第一百三十三条、第六十七条第一款及《最高人民法院关于审理交通肇事刑事案件具体应用法律若干问题的解释》第二条第一款第（一）项之规定，判决如下：

被告人李某建犯交通肇事罪，判处有期徒刑一年六个月。

一审判决后，江西省萍乡市湘东区人民检察院抗诉，江西省萍乡市人民检察院支持抗诉，提出原审被告人李某建交通肇事逃逸后，虽然属于自动投案，但是投案后却没有如实供述自己的罪行，不能认定自首。一审判决认定李某建交通肇事逃逸后具有自首情节，属认定法定量刑情节错误的意见。江西省萍乡市中级人民法院经审理认为：李某建违反道路交通运输管理法规，发生交通事故后逃逸，致一人死亡，其行为构成交通肇事罪。李某建的家属与杨某秀家属在二审期间就民事赔偿达成新的协议，并取得谅解，对李某建可酌定从轻处罚。其在二审审理期间认罪认罚，依法可从宽处理。李某建交通肇事逃逸后，因杨某秀在医院接受治疗，不能确定杨某秀具体伤情，公安机关以交通肇事行政案件受理，虽李某建在公安机关对其第一次询问中未承认交通肇事逃逸事实，但在第二天即承认了交通肇事逃逸事实。在公安机关未对李某建的行为进行刑事立案或采取强制措施的情况下，李某建于 2020 年 5 月 29 日接到公安民警电话通知后，主动到公安机关接受调查，并如实供述了犯罪事实。李某建的行为符合犯罪事实虽被发觉，但尚未受到讯问、未被采取强制措施，主动向公安机关投案并如实供述犯罪事实的情形，其行为符合自首的构成要件，应当认定是自首。但根据其犯罪情节，对其不宜减轻处罚。鉴于李某建在二审审理期间认罪认罚，其家属替其积极赔偿被害人家属经济损失，取得了谅解，根据其犯罪事实、性质、情节及悔罪表现，结合司法局调查评估意见，对其可适用缓刑。

江西省萍乡市中级人民法院依照《中华人民共和国刑事诉讼法》第十五条，第二百三十六条第一款第（二）项，《中华人民共和国刑法》第一百三十三条，第六十七条第一款，第七十二条第一款，第七十三条第二款、第三款，以及《最高人民法院关于审理交通肇事刑事案件具体应用法律若干问题的解释》第二条第（一）项的规定，判决如下：

一、撤销江西省萍乡市湘东区人民法院刑事判决。

二、原审被告人李某建犯交通肇事罪，判处有期徒刑三年，缓刑三年。

【法官后语】

本案中对李某建认定构成自首主要基于以下三个方面的考量。

1. 李某建具有自动投案情节

本案中，李某建无论是行政立案后第一次通过村委会联系配合调查还是刑事立案后电话通知李某建到交警大队接受处理，李某建均积极主动接受处理。因电话通知只能视为电话传唤，拘传与传唤虽然都是要求犯罪嫌疑人到案，但二者有着本质区别，传唤不是强制措施中的拘传，因此，电话通知不属于刑事诉讼法规定的侦查手段或者强制措施，不具有强制性。本案符合有关机关尚未对犯罪嫌疑人进行讯问或采取强制措施时主动投案的时间要件和行为要件，符合“自动投案”的法律规定。

2. 李某建如实供述自己罪行之前，公安机关尚未掌握其主要犯罪事实

在本案行政立案阶段，公安交警部门出示监控等初步证据后李某建即承认了交通肇事逃逸事实，之后李某建也未被采取任何强制措施。在刑事立案后，接到公安民警电话通知时，李某建主动到公安机关接受调查，并如实供述了犯罪事实。因此，在公安机关未将李某建录入全国公安信息网络在逃人员信息数据库及刑事立案前仅初步锁定李某建有交通肇事嫌疑时，尚不能认定司法机关已经掌握嫌疑人李某建的主要犯罪事实。

3. 李某建到案初期供述了自己的犯罪事实，有效节约了司法资源

本案中，李某建交通肇事逃逸后，因杨某秀在医院接受治疗，不能确定杨某秀具体伤情，公安机关以交通肇事行政案件受理。杨某秀重伤二级的鉴定意见出来后，在公安机关未对李某建采取强制措施的情况下，李某建接到公安民警电话通知主动到公安机关接受调查，并如实供述了犯罪事实。李某建的如实供述具有及时性，对于公安机关查明案件事实具有重要价值，有效节约了司法资源。

综上，李某建在交通肇事之后，公安机关刑事立案及掌握其主要犯罪事实之前主动投案并如实供述的行为，应当认定为自首。

编写人：江西省萍乡市中级人民法院　钟琰　刘浩

32

“以自首论”的认定

——林某华非法经营案

【案件基本信息】

1. 裁判书字号

广东省茂名市中级人民法院（2020）粤 09 刑终 15 号刑事裁定书

2. 案由：非法经营罪

【基本案情】

2019 年 2 月，被告人林某华利用自己及其岳母赖某某的身份在茂名市电白区某镇行政服务中心登记注册了“邱氏海产品”及“茂名市电白区树仔镇华某小卖部”，并利用这两间店铺在中国农业银行申请了“农银 e 管家”电子商务平台。林某华通过在微信上建立积分优惠活动群或者加入别的积分优惠活动群

的方式，在群上发布“可以为他人的支付宝或微信所绑定的信用卡进行扫码套取现金”的宣传语吸引客户，联系到客户的时候，客户会将自己的支付二维码截图发给林某华，林某华通过“农银 e 管家”电子商务平台扫码收取客户支付宝或微信所绑定的信用卡的金额，扫码成功后对方支付的金额会进到“农银 e 管家”电子商务平台的账户里，到了第二天，银行会将这笔钱转账到林某华或者赖某某的银行账号里，林某华收到这笔钱后，扣除万分之十五的佣金，将剩余的钱通过银行转账的方式转账回客户的银行卡里。林某华利用“邱氏海产品”及“茂名市电白区树仔镇华某小卖部”这两间店铺“农银 e 管家”电子商务平台扫码收取客户金额时，均无实物交易。自 2019 年 2 月底至 2019 年 4 月 10 日，林某华为他人套取现金共计 2846.1708 万元。

2019 年 4 月 10 日下午，茂名市公安局直属侦查一大队根据某市公安局某分局反电信诈骗大队推送的林某华有多次收取他人寄递银行卡的记录，涉嫌套用他人银行卡作不法用途的犯罪线索，联合某市公安局某分局某边防派出所民警在树仔镇海丰大村清查电信诈骗犯罪行动时，将涉嫌电信诈骗的林某华抓获，同时缴获手机、电话卡、银行卡、POS 机等物品。经侦查，未发现林某华有诈骗犯罪事实。2019 年 4 月 10 日，某边防派出所民警对林某华第一次讯问时，其主动供述公安机关尚未掌握的非法经营犯罪事实。某市公安局某分局遂对林某华涉嫌非法经营罪立案侦查，并移交该局经济犯罪侦查大队办理。

【案件焦点】

林某华在第一次讯问期间主动供述利用电子商务平台关联银行卡实施非法经营的犯罪事实，是否构成自首。

【法院裁判要旨】

广东省茂名市电白区人民法院经审理认为：林某华非法从事资金支付结算业务，数额达 2500 万元以上，扰乱金融市场秩序，情节特别严重，其行为已构成非法经营罪，应予刑罚。

关于林某华的行为是否构成自首，经查，公安机关根据掌握的线索抓获林某华后进行第一次讯问时，讯问其是否有电信诈骗的犯罪行为，没有讯问其是否有非法经营犯罪行为；林某华在供述没有电信诈骗犯罪行为后主动供述其非法经营的犯罪事实；经核实，林某华没有电信诈骗行为，其非法经营的犯罪行为系通过手机终端在线登录“农银 e 管家”电子商务平台并关联自己及赖某某的银行卡实施，无证据显示其非法经营的犯罪行为在接受第一次讯问前，已被公安机关掌握。综上所述，林某华涉嫌诈骗被公安机关第一次讯问时，即如实供述公安机关尚未掌握的其本人非法经营的犯罪行为，其行为符合《中华人民共和国刑法》第六十七条第二款规定的“被采取强制措施的犯罪嫌疑人、被告人和正在服刑的罪犯，如实供述司法机关还未掌握的本人其他罪行的，以自首论”，对林某华依法应以自首论。

广东省茂名市电白区人民法院依照《中华人民共和国刑法》第二百二十五条第（三）项、第五十二条、第五十三条第一款、第六十四条、第六十七条第二款及《最高人民法院、最高人民检察院关于办理非法从事资金支付结算业务、非法买卖外汇刑事案件适用法律若干问题的解释》第一条第（一）项、第四条第一款第（一）项的规定，作出如下判决：

一、被告人林某华犯非法经营罪，判处有期徒刑三年十个月，并处罚金人民币 3 万元。

二、对扣押的手机 2 部及银行卡 2 张予以没收，其余物品及冻结的涉案资金 1043748.01 元，由公安机关依法处理。

广东省茂名市电白区人民检察院认为林某华不构成自首而提出抗诉。广东省茂名市中级人民法院同意原审法院裁判意见，认为原审法院适用法律正确，定罪准确，量刑适当，审判程序合法，应予维持。抗诉机关的抗诉意见理据不足，不予采纳。

广东省茂名市中级人民法院依照《中华人民共和国刑事诉讼法》第二百三十六条第一款第（一）项的规定，作出如下裁定：

驳回抗诉，维持原判。

【法官后语】

本案处理重点主要在于对林某华的行为以自首论的认定。以自首论在理论上又称为准自首、特殊自首、余罪自首。与一般意义上的自首应具备自动投案、如实供述罪行两个成立要件相比，以自首论有着自身的特殊性。《最高人民法院关于处理自首和立功具体应用法律若干问题的解释》第二条规定："根据刑法第六十七条第二款的规定，被采取强制措施的犯罪嫌疑人、被告人和已宣判的罪犯，如实供述司法机关尚未掌握的罪行，与司法机关已掌握的或者判决确定的罪行属不同种罪行的，以自首论。"根据该规定，以自首论有两个成立条件，其一是主体条件，被采取强制措施的犯罪嫌疑人、被告人或正在服刑的罪犯可以成立准自首；其二是罪行供述条件，限定在司法机关尚未掌握的本人其他罪行，只有与司法机关掌握或者判决确定的罪行属不同种罪行的，方能以自首论。这也正说明犯罪分子在其他罪行的供述上具有主动性，已经对其所犯罪行具有悔改和愿意接受法律制裁的意愿，符合自首的本质特征。

具体到本案中，公诉机关认为林某华供述其非法经营犯罪事实之前，公安机关已掌握其犯罪的一定证据和线索。其后被动供述，不能认定为自首。一审、二审法院均认为，公安机关掌握林某华多次收取邮寄银行卡的线索，只指向其涉嫌电信诈骗犯罪，林某华非法经营的犯罪行为是通过手机终端在线登录"农银 e 管家"电子商务平台并关联自己及赖某某的银行卡操作实施，故不足以认定公安机关已掌握其非法经营的犯罪行为。林某华涉嫌诈骗被公安机关第一次讯问时，即如实供述公安机关尚未掌握的其本人非法经营的犯罪行为，且与公安机关掌握其涉嫌诈骗罪属不同种罪行，其行为符合《中华人民共和国刑法》第六十七条第二款及《最高人民法院关于处理自首和立功具体应用法律若干问题的解释》第二条的规定及立法原意，应以自首论。

值得注意的是，由于行为以自首论欠缺主动投案这一条件，不具有一般自首的直观性、明了性，实践中往往容易被忽略，以致对被告人的量刑未能充分体现罪责刑相适应的原则，这一点应该引起重视。

编写人：广东省茂名市电白区人民法院　谢忠儒　陈霏霏

33

立功的认定

——潘某宽滥伐林木案

【案件基本信息】

1. 裁判书字号

广西壮族自治区柳州市中级人民法院（2020）桂02刑终347号刑事裁定书

2. 案由：滥伐林木罪

【基本案情】

2019年3月，被告人潘某宽购买了某村村民廖某在三角屯与冲尾屯交界处六六岭上种植的尾叶桉。2019年8月6日，潘某宽在未办理林木采伐许可证的情况下，雇请民工到六六岭砍伐其购买的林木。经聘请林业专业技术人员对六六岭滥伐林木数量进行实地勾图测算，滥伐林木蓄积量为90.7699立方米。

潘某宽于庭审后向法庭提交一份申请书，说其在某屯命案中为公安机关提供破案线索，并协助民警搜捕，带领群众抓获凶手潘某。法院收到申请书后联系公安机关核实，公安机关出具了情况说明，证明公安机关在办理潘某故意杀人案时，是死者亲属发现潘某踪迹后报警，潘某被林某、廖某有等村民控制，潘某宽并未协助警民抓捕潘某。潘某宽对公诉机关指控的事实及罪名无异议，在庭审中请求适用缓刑。

【案件焦点】

1. 潘某宽是否构成立功；2. 潘某宽是否可以适用缓刑。

【法院裁判要旨】

广西壮族自治区鹿寨县人民法院经审理认为：被告人潘某宽违反森林法的规定，在未办理林木采伐许可证的情况下，擅自砍伐林木，数量巨大，其行为构成滥伐林木罪。公诉机关指控潘某宽犯滥伐林木罪成立。潘某宽主动投案，如实供述自己的罪行，是自首，可以从轻或者减轻处罚。根据潘某宽犯罪的事实、性质、情节、悔罪表现及对社会的危害程度，法院决定对其减轻处罚。

广西壮族自治区鹿寨县人民法院依照《中华人民共和国刑法》第三百四十五条第二款、第六十七条第一款、第五十二条、第五十三条及《最高人民法院关于审理破坏森林资源刑事案件具体应用法律若干问题的解释》第六条之规定，作出如下判决：

潘某宽犯滥伐林木罪，判处有期徒刑一年六个月，并处罚金人民币15000 元。

潘某宽不服一审判决，提出上诉，广西壮族自治区柳州市中级人民法院经审理认为：上诉人（原审被告人）潘某宽违反森林法的规定，在未办理林木采伐许可证的情况下，擅自砍伐林木，其行为构成滥伐林木罪，且数量巨大。原判认定事实清楚，证据充分，定性准确。关于辩护人所提潘某宽具有重大立功表现的辩护意见，经查，2020 年 3 月 6 日上午 10 时 23 分，虽然潘某宽向某县森林公安局民警提到涉嫌故意杀人罪的潘某有可能藏在某屯附近的岩洞内，但当时潘某宽并未引领民警前往搜捕潘某，直至当日 16 时许，某县公安局刑事侦查大队民警接到森林公安局的通报及死者的家属报警后，在某屯附近的石山抓获潘某，当时潘某已被被害人家属控制，因此潘某宽并未协助公安人员抓捕潘某，不构成重大立功，故该辩护意见，法院不予采纳。原判认定潘某宽具有自首情节并根据潘某宽犯罪的事实、性质、情节、悔罪表现及对社会的危害程度，决定对其减轻处罚的处理正确，量刑适当，对潘某宽所提原判量刑过重的上诉意见及辩护人所提对潘某宽再从轻处罚的辩护意见，与法律规定不符，不予采纳。潘某宽不符合缓刑适用条件，故潘某宽及其辩护人、广西壮族自治区柳州市人民检察院所提对潘某宽适用缓刑的意见，不予采纳。原判适用法律正确，审判程序合法。

广西壮族自治区柳州市中级人民法院依照《中华人民共和国刑事诉讼法》第二百三十六条第一款第（一）项规定，裁定如下：

驳回上诉，维持原判。

【法官后语】

本案中，潘某宽在未办理林木采伐许可证的情况下，雇请民工砍伐其购买的桉树林木，滥伐林木蓄积量为90.7699立方米，其行为构成滥伐林木罪，各方对罪名和事实均无争议。

本案争议的焦点在于潘某宽是否构成立功，潘某宽是否适用缓刑。潘某宽曾因犯流氓罪于1993年12月7日被法院判处有期徒刑五年，其具有前科记录。关于潘某宽在某屯命案中为公安机关提供破案线索，并协助民警搜捕，带领群众抓获凶手潘某的辩护意见。通过与公安机关核实，公安机关出具了情况说明，证明公安机关在办理潘某故意杀人案时，是死者亲属发现潘某踪迹后报警，潘某已经被林某、廖某等村民控制。而所谓“立功”，是指犯罪分子犯罪后揭发他人犯罪行为，经查证属实，或者提供重要线索，从而得以侦破其他案件，以及其他对国家和社会有突出贡献的行为，立功分为三种：（1）揭发他人的犯罪行为，查证属实的，“揭发他人的犯罪行为”是指揭发同案犯共同犯罪以外的其他犯罪；（2）提供重要线索，从而使司法机关得以侦破其他案件的，“重要线索”是指对侦破案件具有决定意义的线索；（3）其他立功表现，如阻止他人犯罪活动，协助司法机关抓捕其他犯罪嫌疑人（包括同案犯），阻止其他犯罪人逃跑，在抢险救灾中表现突出等。本案中，潘某宽虽向公安机关提供“破案线索”，而事实上潘某已经被林某、廖某等村民控制，因而不能够认定潘某宽协助公安机关抓捕凶手潘某，故不能认定为立功，更不能认定为重大立功。

潘某宽在公诉机关审理起诉阶段如实供述自己的犯罪行为，对指控的犯罪事实无异议，愿意接受处罚，并签署了认罪认罚具结书，认罪认罚具结书上的量刑建议是有期徒刑三年，并处罚金25000元；在开庭审理时，公诉机关变更刑期为有期徒刑一年，并处罚金15000元，亦并未提出缓刑建议。本案基于潘某宽的犯罪事实、性质、情节、后果、认罪态度、其故意犯罪的前科记录以及公诉机关依照法律规定提出的量刑建议，为确保对潘某宽的刑罚轻重与其所犯罪行和应当承担的刑事责任相适应，经合议庭合议，最终认定潘某宽不适用缓刑。

编写人：广西壮族自治区鹿寨县人民法院　潘晓慧

（三）数罪并罚

34

原审判决遗漏撤销前罪缓刑，再审撤销缓刑数罪并罚时能否加重处罚结果

——施某风诈骗案

【案件基本信息】

1. 裁判书字号

江苏省启东市人民法院（2020）苏0681刑再1号刑事判决书

2. 案由：诈骗罪

【基本案情】

被告人施某风于2015年至2016年在某区管委会征地拆迁期间，虚造其租赁某村杨某明、范某康、范某江、蔡某平、刘某兴、杨某、曹某德、龚某清、黄某兰、陈某花、秦某英、陈某菊、龚某、王某英等农户土地种植苗木的事实，骗取某区管委会苗木补偿款合计人民币417892元，案发前退还人民币10000

元。2018 年 9 月 13 日，施某风被民警抓获。另查明施某风曾因犯盗窃罪，于 2017 年 3 月 24 日被江苏省启东市人民法院判处有期徒刑三年，缓刑四年，并处罚金人民币 25000 元（已缴纳）。

江苏省启东市人民法院于 2019 年 12 月 26 日作出（2019）苏 0681 刑初 170 号刑事判决书，以诈骗罪判处施某风有期徒刑六年三个月，并处罚金人民币 12 万元。同时责令施某风退缴违法所得，发还某区管委会。案件生效后，该院审判委员会经讨论认为，原判决未依法撤销缓刑实行数罪并罚，系适用法律错误，决定对该案再审。

【案件焦点】

原审判决时遗漏撤销前罪缓刑，在原审法院启动的再审程序中，撤销缓刑数罪并罚时能否加重原审被告人的处罚结果。

【法院裁判要旨】

江苏省启东市人民法院经审理认为：原审被告人施某风虚构事实、隐瞒真相，骗取政府苗木补偿款，数额巨大，其行为已构成诈骗罪，依法应追究刑事责任。原判决认定施某风犯诈骗罪的事实清楚、定罪正确。施某风因犯盗窃罪于 2017 年 3 月被法院判处有期徒刑三年，缓刑四年，在缓刑考验期间被发现其于 2015 年至 2016 年犯有诈骗罪未经判决，应当撤销缓刑，依法进行数罪并罚，但原审判决未撤销缓刑并作出数罪并罚，属法律适用不当，量刑错误，应当予以纠正。

江苏省启东市人民法院根据《中华人民共和国刑法》第二百六十六条、第六十四条、第六十九条、第七十七条，《中华人民共和国刑事诉讼法》第二百五十六条第一款，《最高人民法院关于适用〈中华人民共和国刑事诉讼法〉的解释》第三百八十四条、第三百八十六条、第三百八十九条第一款第（三）项的规定，作出如下判决：

一、撤销本院（2019）苏 0681 刑初 170 号刑事判决书。

二、撤销本院（2017）苏 0681 刑初 68 号刑事判决确认的“被告人施某风犯盗窃罪，判处有期徒刑三年，缓刑四年，并处罚金人民币25000元（已缴纳）”中的缓刑执行部分。

三、原审被告人施某风犯诈骗罪，判处有期徒刑六年三个月，并处罚金人民币12万元；连同前罪判处的刑罚有期徒刑三年，并处罚金人民币25000元（已缴纳），决定执行有期徒刑七年六个月，并处罚金人民币145000元（已缴纳25000元）。

四、责令被告人施某风退缴违法所得人民币407892元，发还某区管委会。

【法官后语】

《最高人民法院关于适用〈中华人民共和国刑事诉讼法〉的解释》第四百六十九条规定，除人民检察院抗诉的以外，再审一般不得加重原审被告人的刑罚。但也能看出该规定并不是绝对的再审不加刑，而是为特殊情况下可以加刑留下了空间。

1. 特殊情况下再审可以加刑的依据

一是根据“实事求是，有错必纠”的刑事政策。再审程序并非单一地满足某一个目标，而是重视纠错功能的兑现和实体正义的实现，简言之，就是对确有错误的裁判依法予以纠正，无论是对原审被告人的刑罚减轻或加重，都是为了最大限度地实现实体正义。二是司法解释的规定。《最高人民法院关于适用〈中华人民共和国刑事诉讼法〉的解释》第四百零一条规定，审理被告人等提出上诉的案件，原判判处的刑罚畸轻，必须依法改判的，应当在第二审判决、裁定生效后，依照审判监督程序重新审判。《最高人民法院关于适用〈中华人民共和国刑事诉讼法〉的解释》第四百七十二条规定，再审案件经过重新审理后，原判决、裁定认定事实没有错误，但适用法律错误或者量刑不当的，应当撤销原判决、裁定，依法改判。按照上述两个条款的规定，可以推出法院主动提起再审的，在原审判罚畸轻的情况下可以加刑。三是可循的判例。2003年的刘某案，最高人民法院就通过提审启动再审程序，将终审时被判处死刑缓期两年执行的刘某改判为死刑。2011年云南李某奎案，李某奎强奸、杀害女青年后，又残杀另一无辜幼童，原审判处死缓后，被害人亲属提出申诉，社会反应强烈，检察机关也提出建议，云南省高级人民法院依法决定再审，后改判李某奎死刑。云南孙某果案，经云南省高级人民法院决定再审，对原终审判决加刑判处死刑。上述案件，均非人民检察院抗诉的案件，但再审时均加重了原审被告人的刑罚，上述案件的处理，都体现了罪责刑相适应，符合人民群众朴素的公平正义观及正义观。

2. 本案为什么可以再审加刑

本案中施某风因犯盗窃罪于2017年3月被法院判处有期徒刑三年，缓刑四年，在缓刑考验期间被发现其于2015年至2016年犯有诈骗罪未经判决，根据《中华人民共和国刑法》第七十七条的规定，应当撤销缓刑，进行数罪并罚。但原审判决仅对诈骗罪作出了处理（有期徒刑六年三个月并处罚金12万元），并未撤销原盗窃罪缓刑并作出数罪并罚，属法律适用不当，量刑错误。如果本案不启动在审程序则刑罚根本无法执行，一方面要收监执行诈骗罪的刑罚六年三个月，另一方面要对前罪盗窃罪的缓刑实施社区矫正，显然是不可能实现的。如果本案启动再审程序却不加刑，那么再审就没有任何意义，就会让犯罪人占了便宜，不能罚当其罪，也不能让人民群众感受到案件的公正处理。另外本案再审并没有加重原审诈骗犯罪的刑罚，只是将遗漏的盗窃罪刑罚合并处理，属于刑罚之间合并执行方式。从各罪上看再审并没有加刑，但从合并执行的结果看再审加重了原审被告人的处罚结果。如果把这种处理认定为广义的加刑，则这样的加刑存在应该加刑的事实基础，如果仍机械地不加刑，就不能客观公正，难以取得良好的效果。

编写人：江苏省启东市人民法院　王麒锟

35

数罪并罚案件中具有立功表现，减轻处罚情节的适用

——杨某某非法制造枪支、非法持有枪支案

【案件基本信息】

1. 裁判书字号

北京市延庆区人民法院（2020）京 0119 刑初 145 号刑事判决书

2. 案由：非法制造枪支罪、非法持有枪支罪

【基本案情】

2014 年至 2019 年，被告人杨某某在位于北京市延庆区某镇的学院从事绿化管理及工具维修工作期间，因个人偏好，通过网络和枪支杂志自学枪支制造知识，收集材料，利用台钻等工具制造枪支 1 把。1991 年，杨某某自河北省张家口市某地一陌生人处购买枪支 1 把，其供述曾于 1997 年将该枪支借予其内蒙古自治区太仆寺旗的朋友闫某某，后于 2015 年左右归还。2020 年 5 月 19 日，北京市公安局延庆分局侦查人员在询问杨某某疑似改制射钉枪问题时，杨某某主动供述在其河北省张家口市某小区家中藏有枪支。在搜查过程中，杨某某主动拿出短枪状物 1 把、长枪状物 1 把，长弹状物 4 个，短弹状物 6 个、弹夹 2 个、瞄准镜 1 个。经某司法鉴定中心鉴定，长枪状物（1030mm）以火药为动力，认定为制式枪支；短枪状物（150mm）可填装以火药为动力的自制弹药，枪管贯通且可击燃底火，具备发射功能，认定为枪支；10 发弹状物，其中 1956 年式 7.62mm 步枪弹 4 发，5.6mm 运动枪弹 6 发。2020 年 6 月 3 日，内蒙古自治区太仆寺旗公安局对闫某某非法持有枪支弹药案立案侦查，6 月 4 日，闫某某被该局刑事拘留。

【案件焦点】

在数罪并罚案件中，被告人具有立功表现，减轻处罚情节应如何具体适用。

【法院裁判要旨】

北京市延庆区人民法院经审理认为：被告人杨某某非法制造以火药为动力的非军用枪支1支，非法持有以火药为动力的制式枪支1支，其行为已构成非法制造枪支罪、非法持有枪支罪，依法应予刑罚处罚。北京市延庆区人民检察院指控被告人杨某某犯非法制造枪支罪、非法持有枪支罪的事实清楚，证据确实、充分，指控罪名成立。杨某某罪行未被有关部门、司法机关发觉，仅因形迹可疑被盘问后，其主动供述自己的行为，主动配合侦查人员搜查枪支，系自首，对其依法从轻处罚。杨某某自愿认罪认罚，对其从宽处罚。杨某某主动提供他人犯罪线索，并经公安机关查证属实，已对该线索相关的案件立案侦查，系立功，对其依法减轻处罚。辩护人的相关辩护意见，法院予以采纳。杨某某曾因故意犯罪被判处刑罚，法院对其予以从重处罚。综合杨某某的犯罪事实、情节及其行为所造成的社会影响等因素分析，法院认为不宜对被告人杨某某适用缓刑，辩护人建议对杨某某适用缓刑的辩护意见，法院不予采纳。

北京市延庆区人民法院依照《中华人民共和国刑法》第一百二十五条、第一百二十八条、第六十七条第一款、第六十八条、六十九条、第六十四条、第六十一条、第六十二条，《最高人民法院关于审理非法制造、买卖运输枪支、弹药、爆炸物等刑事案件具体应用法律问题的解释》第一条第（二）项、第五条第（二）项、第八条第二款之规定，判决如下：

一、被告人杨某某犯非法制造枪支罪，判处有期徒刑二年四个月，犯非法持有枪支罪，判处有期徒刑八个月，数罪并罚决定执行有期徒刑二年六个月。

二、随案移送的铅丝一盘、台钻一台，附卷备查。

【法官后语】

本案中杨某某涉嫌两个罪名，应当数罪并罚；但具有立功表现，应当减轻处罚。但对杨某某如何减轻处罚以及如何数罪并罚，存在较大争议。第一种意见认为，应先对数罪中的各罪分别定罪量刑，按照数罪并罚的原则确定决定执行的刑罚，然后再考虑立功情节，对决定执行的刑罚予以减轻，从而确定最终执行的刑罚；第二种意见认为，应当对两个罪分别定罪量刑，并在对每一个罪定罪量刑时，分别考虑被告人的重大立功情节，并分别予以减轻处罚，然后再按照数罪并罚的原则，确定最终执行的刑罚；第三种意见认为，应当对两个罪分别定罪量刑，并对其中的一个重罪考虑重大立功情节，给予减轻处罚，对其他罪不再考虑立功情节，不予减轻处罚，然后再按照数罪并罚的原则，确定最终执行的刑罚。

由于法律、司法解释对此没有明确规定，实践中只能根据刑法的基本原理来处理。笔者认为，此类案件的量刑应遵循以下三个原则：第一，先减后并原则。即对于决定减轻处罚的数罪并罚案件，应先减轻处罚，再予以并罚。因为刑法规定的减轻处罚，是以每一具体犯罪的法定刑为基准的，指的是在具体犯罪的法定刑以下判处刑罚。如果先按照数罪并罚的原则确定执行的刑罚，然后再减轻，则何者为从轻，何者为减轻，没有基准，无从操作。故上述第一种意见无法适用。第二，禁止重复评价原则。即对于一个影响定罪量刑的事实，只能使用一次，严禁从不同的角度对同一事实作双重的评价，从而导致重复处罚。虽然最初提出该原则的目的是避免一罪两罚，但对于被告人有利的从轻情节，该原则也是同样适用的。一个立功情节不能对所有的罪都给予减轻处罚，反复适用。第三，重罪减轻处罚原则。对于犯数罪的案件，究竟对哪一个罪减轻处罚，要使减轻处罚的效果在最终执行的刑罚中能够体现。否则，减轻处罚便没有意义。如一个无期徒刑和一个有期徒刑并罚，如果选择对有期徒刑的犯罪予以减轻处罚，根据数罪并罚的吸收原则，最后仍执行无期徒刑，则属于减轻处罚没有效果。一般而言，选择量刑最重的那个罪减轻处罚，最能体现减轻处罚的效果。

具体到本案中，根据杨某某的犯罪情况，其触犯的非法制造枪支罪的法定刑为三年以上十年以下有期徒刑，非法持有枪支罪的法定刑为三年以下有期徒刑、拘役或者管制；应选择对杨某某触犯的非法制造枪支罪予以减轻处罚，可将其减为有期徒刑二年四个月，然后再与非法持有枪支罪并罚，确定最终执行的刑罚。

编写人：北京市延庆区人民法院　彭祥青

36

目的行为和手段行为构成牵连犯，择一重罪处罚

——曾某滨、曾某之强迫交易案

【案件基本信息】

1. 裁判书字号

广东省江门市中级人民法院（2020）粤 07 刑终 45 号刑事裁定书

2. 案由：强迫交易罪

【基本案情】

2018 年 4 月底，被告人曾某滨、曾某之利用其有部分海域承包使用权，夸大承包范围，并以与渔政打通关系，可查扣被害人的船只为借口，进而威胁要求钟某坚、钟某新、相某冬、相某伟、孔某均、张某荣、杨某光等人按照其规定的时间进行捕捞，捕捞所得米蚬必须由其收购不得卖予他人，并聘请和安排梁某好、梁某友在海域上进行巡逻并驱赶渔民的船只，从而低价强行收购米蚬。并于 2018 年 5 月至 7 月，收购钟某坚、钟某新、相某冬、相某伟、孔某均、张某荣、杨某光在赤溪镇铜鼓鱼塘港、赤溪镇白宵围等附近海域使用拖曳泵吸耙刺的禁用渔具捕捞的米蚬 34872 包，共重 1046160 斤，价值 627696 元，造成钟某坚等人经济损失 173320 元。

【案件焦点】

关于被告人曾某滨、曾某之的行为的构罪问题。

【法院裁判要旨】

广东省台山市人民法院经审理认为：被告人曾某滨、曾某之明知是休渔期，不能在非承包海域内进行捕捞米蚬，还要求他人非法捕捞米蚬再交由他们收购出售，是非法捕捞行为的共犯，且情节严重，其行为已构成非法捕捞水产品罪；曾某滨、曾某之还利用其有部分海域承包使用权，夸大承包范围，且以与渔政打通关系，可查扣被害人的船只为借口，对被害人形成精神威吓，安排工人在海域上进行驱赶，在外形成一种对海域使用的“特权”，并对被害人的捕捞时间进行控制从而达到垄断收购市场的目的。通过一系列的行为，逼使 7 名被害人不得不以低价出售米蚬给被告二人，其行为已构成强迫交易罪。曾某滨、曾某之的目的是收购非法捕捞的米蚬，但通过威迫的手段强行低价进行收购，目的行为构成非法捕捞水产品罪，手段行为构成强迫交易罪，构成牵连犯，法律没有规定数罪并罚的，应从一重罪处罚，本案应以强迫交易罪对被告二人定罪处罚。

广东省台山市人民法院依照《中华人民共和国刑法》第二百二十六条、第五十二条、第五十三条、第六十四条和《最高人民法院关于适用〈中华人民共和国刑事诉讼法〉的解释》第二百四十一条之规定，判决如下：

一、被告人曾某滨犯强迫交易罪，判处有期徒刑四年，并处罚金人民币 50000 元。

二、被告人曾某之犯强迫交易罪，判处有期徒刑四年，并处罚金人民币 50000 元。

三、追缴被告人曾某滨、曾某之的违法所得人民币 173320 元。

四、扣押被告人曾某滨的作案通信工具苹果牌手机一台，由扣押机关予以没收；扣押本案的其他物品，由扣押机关依法处理。

一审宣判后，被告人不服一审判决提起上诉，二审法院同意一审法院裁判意见，裁定驳回上诉，维持原判。

【法官后语】

法治社会依法经营是原则底线，任何突破法律底线的行为，都必须受到依法惩处。曾某滨、曾某之无视国家法律，以威胁手段强迫他人在禁渔期、禁渔区使用禁用工具非法捕捞水产品，强迫交易多人多次，其目的行为构成非法捕捞水产品罪，手段行为构成强迫交易罪，两个犯罪形成目的与手段的牵连关系，构成牵连犯。对于牵连犯，除刑法已有规定的外，从一重罪处罚。法律规定，非法捕捞水产品罪的法定刑是处三年以下有期徒刑、拘役、管制或者罚金；而强迫交易罪，情节特别严重的，处三年以上七年以下有期徒刑，并处罚金。本案强迫交易多人多次，强迫交易数额高达627696元，造成他人经济损失173320元，情节特别严重，因此，本案以强迫交易罪作出判决。商品交易是在平等民事主体之间发生的法律关系，应当遵循市场交易中的自愿与公平原则，但在现实生活中，交易双方强买强卖、强迫他人提供服务或者强迫他人接受服务的现象时有发生，这些行为违背了市场交易原则，破坏了市场交易秩序，侵犯了交易相对方的合法权益。上述判例的积极意义在于，对强迫交易行为依法亮剑，捍卫市场经济下公平交易规则，约束水产品市场交易走上法治正规。

台山是远近闻名的鱼米之乡，青山绿水，鱼翔浅底也是人们向往的美好自然生态环境。在上述案件中，渔民在禁渔期使用拖曳泵吸耙刺的禁用渔具捕捞米蚬，对当地的水产资源和生态环境造成了严重的破坏，也反映出当地渔民对非法捕捞水产品方面的法律意识较为淡薄的问题。通过该案的判决，对当地的渔民有很好的警示作用，教育广大群众增强守法意识和水产资源保护意识，进一步引导渔民自觉遵守禁渔的相关规定，促进海洋生态全面、协调、可持续发展。此外，还应开展“禁渔”宣传工作，增强群众对禁渔期各项政策、法规的了解，营造全民保护海洋海域的良好氛围，积极鼓励广大市民向公安机关举报违反规定进行非法捕捞的犯罪线索，及时查处非法捕捞水产品案件。

编写人：广东省台山市人民法院　朱洁瑜

（四）减　刑

37

减刑案件中认定罪犯“确有悔改表现”的审查要素与标准

——王某盗窃案

【案件基本信息】

1. 裁判书字号

江苏省无锡市中级人民法院（2020）苏02刑更监2号刑事裁定书

2. 案由：盗窃罪

【基本案情】

王某自1996年起因多次犯盗窃罪被判处有期徒刑。2017年7月27日又因犯盗窃罪，被判处有期徒刑四年六个月，并处罚金，责令退赔。在服刑期间，经执行机关提请，江苏省无锡市中级人民法院于2020年8月31日作出（2020）苏02刑更1861号刑事裁定，对王某减刑七个月，减刑后的刑期至2020年11月4日。

江苏省无锡市人民检察院认为减刑裁定适用法律有误，提出书面纠正意见：(1) 王某没有悔罪表现。认定悔罪表现应当坚持主客观相一致原则，结合历次犯罪情节和释放后的现实表现从严把握。犯罪有很强的习惯性，盗窃犯罪中累犯比例最高；罪犯王某入户盗窃、流窜作案，人身危险性大；监狱改造表现不能等同于悔罪表现，王某多次犯罪说明思想上没有真诚悔罪；王某只坦白公安机关掌握的犯罪，存在犯罪黑数。(2) 王某再犯罪危险评估为较高，不符合最后一次减刑条件。(3)减刑对罪犯王某改造为守法公民不起作用，削弱了刑罚的特殊预防功能。王某在之前服刑期间曾减过刑，后仍实施盗窃，减刑未鼓励其悔过守法，反而为其早日再次实施犯罪降低了时间和机会成本。(4)本次减刑不符合宽严相济刑事政策。罪犯王某屡犯不改、前科劣迹多，每次释放后不久即重新犯罪，证明其改造难度大、社会危害性大，应当对其减刑从严把握。

经查明，王某对此次盗窃作了如实供述；服刑期间于2018年4月、10月、2019年4月、10月、2020年3月获监狱表扬，财产性判项全部履行；庭审中表示刑罚体验煎熬，陈述了犯罪成因，并表示认识到犯罪危害很懊悔，也作了今后的打算。

经检察机关出具委托函进行委托，执行机关对王某的再犯罪危险性进行评估，测试结果为中度，评估结论为再犯罪危险性较高，并表示此结论主要用于刑释衔接安置参考，不作为能否减刑的依据。

【案件焦点】

罪犯王某是否确有悔改表现，符合减刑条件。

【法院裁判要旨】

江苏省无锡市中级人民法院经审理认为：检察意见认为罪犯王某没有悔罪表现的理由不成立。《中华人民共和国刑法》第七十八条规定的减刑适用范围只有刑罚种类的限制，没有犯罪性质和罪过形式的限制。王某系盗窃罪累犯，不属于限制减刑的对象。检察机关提出的对盗窃犯罪的整体性评价不能作为本案中判断王某是否具有悔罪表现的客观事实依据。减刑案件中对罪犯认罪悔罪的认定，具体应考察罪犯是否认罪服判，认识到犯罪危害性和改造必要性等，本案中王某的当庭陈述，有如实供述情节，服刑期间获奖励的数量、连续性、时间长短，以及履行财产性判项的情况，可反映该犯改造态度端正；且原案中对累犯事实已作从严扣减，并未违反主客观相一致原则。

检察意见认为罪犯王某出监再犯罪危险评估为较高，不符合减刑条件的理由不成立。再犯罪可能性是假释审查事项而非法定减刑标准，认为再犯罪危险评估为较高的罪犯不得适用最后一次减刑的检察意见，既无法律依据，也不符合刑法谦抑性的要求。

检察意见认为对罪犯王某裁定减刑削弱了刑罚的特殊预防功能的理由不成立。对累犯的减刑进行特殊预防，主要体现为对减刑幅度、刑罚执行期限、间隔期间的限制，对累犯减刑会削弱刑罚的特殊预防功能的观点缺乏明确法律规定。犯罪成因有主客观多方面，刑事案件的审理不应将未然行为认定为必然事实，犯罪危险性较高不能推定必然再次犯罪。罪犯即使未减刑，刑满后仍将回归社会，在服刑期间若确有悔改表现，对其积极改造行为应作正面评价。

检察意见认为对罪犯王某裁定减刑不符合宽严相济刑事政策的理由不成立。贯彻宽严相济的刑事政策应在法定范围内进行，王某狱内改造表现良好，可认定有悔改表现，累犯已作从严扣减，原减刑裁定未违反宽严相济刑事政策。

江苏省无锡市中级人民法院依照《中华人民共和国刑法》第七十九条、《中华人民共和国刑事诉讼法》二百七十四条、《最高人民法院关于适用〈中华人民共和国刑事诉讼法〉的解释》第四百五十四条以及《最高人民法院关于办理减刑、假释案件具体应用法律的规定》第二条、第三条、第七条之规定，裁定如下：

维持本院（2020）苏02刑更1861号刑事裁定。

【法官后语】

本案系由检察机关提起，法院依职权对减刑裁定复查的案件，审理方向围绕罪犯能否减刑，审理思路与一般减刑案件相同。《中华人民共和国刑法》第七十八条规定，罪犯在执行期间“确有悔改表现的，或者有立功表现的”，可以减刑。因此除因重大立功应当减刑外，对可以减刑案件中罪犯减刑资格的审查，主要是对悔改、立功表现的认定。其中立功表现又因不具有普遍性且标准客观故而极少适用，绝大多数减刑是基于罪犯“确有悔改表现”，对之认定的主要审查标准如下。

1. 认罪悔罪是首要因素

“确有悔改表现”的法定构成要素为：认罪悔罪；认真遵守法律法规和监

规，接受教育改造；积极参加思想、文化、职业技术教育；积极参加劳动，努力完成劳动任务。后三项是罪犯接受教育、劳动改造表现情况，可通过奖惩审批表、评审鉴定、日常考核资料等证据反映。认罪悔罪属于主观要素，反映了罪犯人身危险性中的主观恶性的消除，直接体现了减刑目的，是确定悔改表现的首要因素。

减刑作为一种奖励性措施，通过奖励罪犯好的行为（罪恶的逐渐消除），来实现激励罪犯积极改造，促进罪犯回归、融入社会的目的。认罪悔罪要求罪犯不仅认识到犯罪的性质和危害，更要真诚悔过，实际上是要求罪犯树立正确的是非观和人生观，改恶从善。这也是为什么要求罪犯认罪悔罪才能减刑的原因。

2. 结合判前事实与服刑期间事实

检察机关认定王某不具有悔罪表现的事实依据为多次盗窃。既然认罪悔罪反映的是罪犯在服刑期间主观恶性的消除，那么仅以罪犯判前行为，甚至是以盗窃犯罪累犯比例高这一对罪名的整体性评价，作为本案中认定王某无悔罪表现的事实依据，显然失当。

同样，将判前事实完全排除在减刑资格审查之外也是不适当的。依照《最高人民法院关于办理减刑、假释案件具体应用法律的规定》第二条，可以减刑的案件“应当综合考察罪犯犯罪的性质和具体情节、社会危害程度、原判刑罚及生效裁判中财产性判项的履行情况、交付执行后的一贯表现等因素”。第七条规定了累犯在减刑起始时间、幅度、间隔期方面均应从严，而没有规定累犯不能减刑。最高人民法院也称对特定罪犯减刑“从严掌握”，是指在减刑的起始时间、间隔时间和减刑幅度三个方面严格把握，但并不是说对于此类罪犯不能减刑，为了调动改造积极性，应对罪犯的积极改造行为给予适当的减刑奖励。因此，累犯不是否定减刑资格的充分条件，而应将累犯与其他事实一道作为判前表现，与交付执行后的表现情况结合对照审查。本案王某多次盗窃与如实供述是判前事实，与其在服刑期间的表现均应作为判断减刑资格的依据。

3. 遵循主客观相一致原则

适用主客观相一致原则，在不同刑事程序中对主观方面和客观方面的侧重不一，刑罚方面以罪犯主观方面的人身危险性起决定作用，减刑中对罪犯客观方面的审查更应看服刑期间，特别是减刑间隔期内的行为表现。本案法院询问了王某的犯罪原因、刑罚体验、对未来生活的打算，并查明了服刑期间的奖惩情况。

主观方面，王某庭审陈述犯罪原因时结合不同时期的家庭经济和人员情况、自己内心想法；陈述了刑罚体验并明确悔过；对未来工作生活作了规划。尽管罪犯陈述不一定代表本人真实想法，但办案经验反映，仅作“我认罪悔罪”，犯罪是因为“年纪小，不知道是犯罪”“出去会好好做人”等泛泛陈述的罪犯，刑罚体验普遍不深；而心理描述越具体，用词越平实，对今后人生规划越明晰的罪犯，改造态度越积极。贯彻实质化审理原则的意义就在于此，对于其他书证材料，庭审出示证据与质证更多体现程序公正，而罪犯当庭陈述想法，有助于法官形成心证，是对案件作实体判断的一项重要依据。客观方面，王某入监后每隔半年获表扬一次、连续共获表扬五次，没有违规违纪，表明其改造表现良好而且稳定；财产性判项是生效判决的一部分，积极履行既是罪犯的义务，也是其认罪悔罪、接受改造的重要标准之一，王某已全部履行的事实也可反映其改造态度较好。因此对其减刑符合主客观相一致原则。

4. 适用明确法律规定

减刑案件也应当按照法律明确规定进行裁判。再犯罪可能性是假释案件的审查标准，用再犯罪可能性较高为由否定罪犯的减刑资格，欠缺现行法依据。此外，在司法解释明确规定“确有悔改表现”的标准可予适用的情形下，不应以内容相对抽象的法律标准、法律理念、原则性规定作为个案裁判依据，即法律适用有先后选择顺位，当规则明确时，应遵循“禁止向一般条款逃逸”的准则，不应将刑罚的特殊预防功能、宽严相济的刑事政策等学理性或原则性规定直接作为裁判依据。

编写人：江苏省无锡市中级人民法院　徐莹颖

三、刑事证据

38

交通事故认定书在刑事诉讼中的审查和运用

——贡某永交通肇事案

【案件基本信息】

1. 裁判书字号

河北省石家庄市藁城区人民法院（2019）冀0109刑初319号刑事判决书

2. 案由：交通肇事罪

【基本案情】

2019年1月14日0时15分许，被告人贡某永驾驶挂重型半挂牵引车，沿802乡道机场路由东向西行驶至某门市处时，驶入逆行车道与对向行驶的刘某杰驾驶的面包车相撞，造成刘某杰、张某伟当场死亡，闫某巍受伤以及双方车辆损坏的重大交通事故。经石家庄市某区公安交通警察大队认定，贡某永负此事故的主要责任。2019年6月16日，贡某永与受害人家属达成谅解。

【案件焦点】

1. 被害人饮酒驾驶的行为与发生交通事故的结果之间是否存在因果关系；2. 交通事故责任认定书能否作为定案依据。

【法院裁判要旨】

河北省石家庄市藁城区人民法院经审理认为：被告人贡某永未按照操作规范安全驾驶，造成二人死亡一人受伤及双方车辆损坏的重大交通事故，且负此事故的主要责任，其行为已构成交通肇事罪，依法应予惩处。在对贡某永事故责任认定上，河北省石家庄市藁城区人民检察院指控的犯罪事实与罪名成立。贡某永当庭认罪，且与死者家属及伤者达成民事补偿协议，并得到其谅解，均可酌定从轻处罚。辩护人的辩护意见：对定性无异议，但贡某永有从轻情节，刘某杰系严重醉酒驾驶，对案件发生存在重大过错，另两被害人与其同饮无劝阻，有一定过错；贡某永犯罪行为无主观恶性，社会危害性较小；无前科劣迹，是偶犯、初犯；自愿赔偿被害人损失，取得谅解，应由贡某永给付的赔偿款已给付到位；自愿认罪，建议对贡某永适用缓刑。辩护人的辩护意见经审查属实，予以采信，并综合考虑司法行政社区矫正管理机关对贡某永作出的社区影响评估意见。

本案在法律适用方面的争议焦点主要有两个方面：一是被害人饮酒驾驶的行为与发生交通事故的结果之间是否存在因果关系。经审查，刘某杰在正常行驶的过程中，贡某永驾驶挂重型半挂牵引车突然逆向行驶正面撞击过来。结合事故现场情况及常识，刘某杰的饮酒行为使其在发生紧急情况时的反应时间大大延长、刹车距离增加，造成闪躲不及时，对于造成二死一伤的交通事故结果之间存在间接的影响。二是交通事故责任认定书能否作为定案依据。交通事故责任认定书作为公安机关出具的文书，是证明力较高的书证。作为证据的一种，在审查无误后可以作为定案依据。在本案中，有了上一结论的支持，可以得出刘某杰应当对此次事故的发生承担间接责任。与交通事故责任认定书的结论“刘某杰承担次要责任，贡某永承担主要责任”相一致，多重证据之间形成完整的证据链，可以作为定案依据。

根据我国刑法相关司法解释规定，违反交通运输肇事后逃逸或者有其他特别恶劣情节的处三年以上七年以下有期徒刑。死亡二人以上或者重伤五人以上，负事故全部或者主要责任的属于“有其他特别恶劣情节”。在量刑起点的基础上，可以根据事故责任、致人重伤、死亡的人数或者财产损失的数额以及逃逸等其他影响犯罪构成的犯罪事实增加刑罚量，确定基准刑。被害人存在过错的可以酌情从轻处罚。如上所述，贡某永造成二人死亡、一人受伤及双方车辆损坏的重大交通事故，且负此事故的主要责任，考虑被害人也对事故发生存在一定的责任。

河北省石家庄市藁城区人民法院依照《中华人民共和国刑法》第一百三十三条、第七十二条之规定，判决如下：

被告人贡某永犯交通肇事罪，判处有期徒刑三年缓刑三年。

【法官后语】

交通肇事罪在我们司法实践中是非常普通的常见罪名，尤其是在基层法院的刑事案件中占据了绝大多数。但正因为普通，其中的疑难问题往往容易被忽视。

本案属于一起十分典型的交通肇事案。在实践中，交通事故责任书对于交通肇事案中的责任划分十分重要。那么，交通事故认定书在交通肇事罪认定中的作用应该如何界定。

有学者认为，交通事故责任认定书应当作为定案依据。交通责任认定是交警的法定职权，而违反交通运输管理法规是构成交通肇事罪的前提。交通事故责任认定书具有即时性和专业性。在刑事司法实践中，以交通事故责任认定书取代交通肇事罪的责任认定的现象普遍存在，但这种以行政责任取代刑事责任的认定方法存在争议。

笔者认为，交通事故认定书作为证据的一种，审判机关可以而非必须采纳。交通事故的行政责任认定和刑事责任认定有较大差异。第一，在目的和功能方面，交通事故认定书是基于行政管理的需要，按照充分平衡管理效率、社会秩序和执法成本的评判标准，根据道路交通管理法规，而制定的一种主观评价。不一定完全客观反映事故现场情况，往往为了尽快恢复交通秩序而进行推定责任比例。这种推定责任的分配方法，不符合刑法谦抑性的基本原则。刑法以限制或剥夺人身自由为内容。所以，当案件上升到刑事犯罪的程度时，效率的价值必须让位于公正。第二，在客观要件方面，主要责任的归属不应当按照道路交通管理法规采取推定的方式，而应当考虑是否符合刑法意义上的因果关系。倘若被害人违反道路安全规定的行为与发生事故之间不存在因果关系，则不应该让被害人承担刑法上的责任，进而该交通事故认定书不能作为定案依据使用。第三，在主观要件方面，交通事故的行政责任认定实行过错责任原则和过错推定责任原则。而交通肇事罪严格遵循责任主义原则，禁止对行为人进行过错推定。

因此，不能将交通事故的行政责任和刑事责任混为一谈。交通事故认定书在刑事诉讼中的运用应当通过法官从刑法的实质性责任角度审查后，才能作为辅助了解案情真相的证据使用。

编写人：河北省石家庄市藁城区人民法院　朱思潼

39

排除合理怀疑之适用

——周某某危险驾驶案

【案件基本信息】

1. 裁判书字号

山东省潍坊市中级人民法院（2020）鲁07刑终231号刑事裁定书

2. 案由：危险驾驶罪

【基本案情】

2019年6月15日20时20分左右，被告人周某某酒后驾驶普通二轮摩托车，沿寿光市渤海路由北向南行至文庙街路口北侧周某钦、慈某某夫妻经营的“某烤鱼”饭店附近处时，压到了周某钦、慈某某之子周某淇玩耍滚到渤海路上的篮球摔倒受伤。

周某某受伤后，分别给一起居住的滕某某及朋友寇某某打了电话，告诉滕某某其发生了交通事故受伤，请求其回来照顾；告诉寇某某其发生了交通事故受伤，请求帮忙，寇某某找朋友高某某前去帮忙。

交通事故发生后，慈某某驾车载其婆婆张某某、周某某前往医院，至医院急诊室后，张某某陪同周某某进入急诊室等待治疗。等待期间，滕某某带其女儿路某某及高某某先后进入急诊室大厅。因张某某未支付医疗费，周某某让滕某某跟随张某某回“某烤鱼”饭店找其子周某钦前来处理事故，滕某某、张某某步行回“某烤鱼”饭店，高某某及路某某继续在急诊室大厅陪同周某某。

慈某某待周某某、张某某下车后，其开车找停车位停车，停车后其先后两次打电话报警。报警后其步行回到急诊室大厅陪同周某某，并发现其婆婆张某某未在大厅，其接到丈夫周某钦的电话才知道张某某回到了“某烤鱼”饭店。

滕某某、张某某至“某烤鱼”饭店时，民警正在“某烤鱼”饭店勘查，周某钦正与慈某某打电话，周某钦看到张某某后告诉慈某某张某某回到了饭店。随后，民警开警车载周某钦、张某某骑三轮车载滕某某赶往医院。民警至急诊室大厅时，高某某、慈某某及路某某在陪同周某某，随后张某某、滕某某亦赶到大厅。后民警为周某某进行了呼气酒精测试，并抽取血液。呼气式酒精检测结果为 144mg/100mL。经鉴定，周某某静脉血中检出乙醇成分含量为 123mg/100mL。

另查明，事故发生时，周某某未持有机动车驾驶证。2019 年 6 月 18 日，周某某与周某淇父亲周某钦、母亲慈某某达成协议，各自负担损失，互不追究对方责任。

【案件焦点】

在被告人拒不认罪的情况下，如何根据在案证据定罪。

【法院裁判要旨】

山东省寿光市人民法院经审理认为：被告人周某某违反法律规定，在道路上醉酒无证驾驶机动车，其行为已构成危险驾驶罪。在案证据足以认定周某某醉酒驾驶机动车的事实。证人周某钦、慈某某、张某某及高某某的证言时间上相互连续，事情经过上相互衔接，且与民警在执法过程中制作的视听资料相互印证，形成了完整的证据链，该证据链能够证实周某某受伤被送到医院急诊室后，先是张某某一个人陪同，后滕某某、路某某赶到，接着高某某赶到急诊室，然后周某某让张某某与滕某某回“某烤鱼”饭店叫周某钦，张某某与滕某某走后，慈某某赶到急诊室，与高某某、路某某共同陪同周某某，再其后周某钦与民警、张某某与滕某某先后从“某烤鱼”饭店赶到急诊室，民警在急诊室给周某某进行了呼气式酒精测试及抽取血液的整个事实经过。可以看出，周某某在进入医院急诊室后直到民警给其抽取血液期间，始终有证人陪同，没有离开过急诊室。公诉人提供的理化检验鉴定报告证实周某某静脉血中乙醇成分含量为123mg/100mL，提供的道路交通事故鉴定意见书证实周某某发生事故时驾驶的二轮摩托车属于机动车，对此周某某无异议。周某某醉酒驾驶机动车的事实清楚，证据确凿充分，其行为已构成危险驾驶罪。

周某某的供述前后矛盾，亦不符合常理。（1）周某某在第一次开庭时供述称滕某某和路某某一起回来，看到其在喝酒，其让滕某某去慈某某的饭店；第二次开庭时供述滕某某让路某某回来，自己去了医院，滕某某并未回家，其给滕某某打电话让其去慈某某的饭店。两次供述前后矛盾，且第二次供述与滕某某第二次出庭及路某某在第二次庭审时证言一致，更说明存在串供可能。（2）周某某关于再次回到门诊，高某某为其推了一架担架车，其躺了上去与高某某关于其去了门诊室看到周某某躺在担架上，滕某某、张某某也在场的证言不一致。（3）周某某在公安机关先后4次供述均未向民警供述在抽取血液前再次饮酒的事实，民警对其讯问时其忽略如此重要的情节有悖生活常识，同时，其作为具有完全民事行为能力的自然人，发生交通事故后受伤，在未得到妥善处理的情况下再次饮酒有悖常理。

山东省寿光市人民法院依照《中华人民共和国刑法》第一百三十三条之一第一款、第五十二条、第五十三条，判决如下：

被告人周某某犯危险驾驶罪，判处拘役三个月，并处罚金人民币6000元。

周某某不服一审判决，提出上诉，二审法院同意一审法院裁判意见，维持原判。

【法官后语】

《中华人民共和国刑事诉讼法》第五十五条第二款规定，“证据确实、充分”应当符合以下条件：（1）定罪量刑的事实都有证据证明；（2）据以定案的证据均经法定程序查证属实；（3）综合全案证据，对所认定事实已排除合理怀疑。“证据确实、充分”具有较强的客观性，但司法实践中这一标准是否达到，还是要通过侦查人员、检察人员、审判人员的主观判断，以达到主客观相统一。只有对案件已经不存在合理的怀疑，形成内心确信，才能认定案件证据确实、充分。

本案中周某某提出“其骑摩托车被摔伤后去医院治疗，其间，其步行回家喝酒后返回医院后被公安机关查获，不构成危险驾驶罪”的辩解意见，法院在调取医院监控发现此证据已然灭失无法证实周某某行动路径的情况下，经过分析得出以下唯一排他性结论。其一，根据证人证言、鉴定意见、书证以及周某某在公安机关的有罪供述等在案证据足以证实，周某某醉酒驾驶机动车摔伤后到达医院等待治疗期间，并未离开医院，后在医院被公安机关当场查获，随后对其进行了酒精呼气检测及血样提取，上述证据均能够相互印证，已形成完整的证据链，其行为已构成危险驾驶罪。其二，周某某在原审庭审时所称其在医院治疗期间又回家喝酒的辩解，与其在公安机关的多次供述等证据相悖，与常理不符，且又无法作出合理解释，不予采信。对于证人慈某某、张某某、滕某某、路某某出庭所作的证言，其中慈某某、张某某作所证言与公安机关依法取得的证据能够相互印证，应予以采信；证人滕某某、路某某与被告人周某某之间存在利害关系，其所作证言与在案证据相矛盾，不具有真实性，依法不予采信。

“合理怀疑”不是只凭想象或轻率的怀疑，也不是基于同情或偏见的怀疑，而是基于推理和常识，而且这些推理和常识必须合乎逻辑地建立在证据基础之上。因此，“排除合理怀疑”可以概括为对全案证据进行综合判断之后，对被告人犯罪的事实不再存在任何有证据支持的、符合经验与逻辑法则的疑问，产生了被告人构成犯罪的内心确信。

编写人：山东省寿光市人民法院　马晓斐

40

基本“零口供”时犯罪的认定

——洪某强贩卖毒品案

【案件基本信息】

1. 裁判书字号

广东省汕头市中级人民法院（2020）粤05刑终160号刑事裁定书

2. 案由：贩卖毒品罪

【基本案情】

2017年9月28日以来，被告人洪某强在某市某1区、某2区多次贩卖甲基苯丙胺（冰毒）给违法人员庄某、朱某宏（均已被行政处罚），具体事实如下。

1. 2017年9月28日，洪某强在某市某1区某宾馆将10克甲基苯丙胺贩卖给违法人员庄某，收取违法人员庄某以微信转账方式支付的毒资1800元。

2. 2017年11月2日，洪某强在某市某1区某宾馆将10克甲基苯丙胺贩卖给违法人员庄某，收取违法人员庄某以微信转账方式支付的毒资2000元。

3. 2017年11月24日，洪某强在某市某1区甲酒店将5克甲基苯丙胺贩卖给违法人员庄某，收取违法人员庄某以微信转账方式支付的毒资1000元。

4. 2017年12月26日，洪某强在某市某1区甲酒店将10克甲基苯丙胺贩卖给违法人员庄某，收取违法人员庄某以微信转账方式支付的毒资2000元。

5. 2018年2月1日，洪某强在某市某1区某宾馆将10克甲基苯丙胺贩卖给违法人员庄某，收取违法人员庄某以微信转账方式支付的毒资3000元。

6. 2018年2月27日，洪某强在某市某1区某宾馆将4克甲基苯丙胺贩卖给违法人员庄某，收取违法人员庄某以微信转账方式支付的毒资1000元。

7. 2018年3月17日，洪某强在某市某2区某店铺将4克甲基苯丙胺贩卖给违法人员庄某，收取违法人员庄某以微信转账方式支付的毒资1200元。

8. 2018年4月18日，洪某强在某市某1乙酒店将10克甲基苯丙胺贩卖给违法人员庄某，收取违法人员庄某以微信转账方式支付的毒资2800元。

9. 2018年5月23日，洪某强在某市某1区乙酒店将5克甲基苯丙胺贩卖给违法人员庄某，收取违法人员庄某以微信转账方式支付的毒资1500元。

10. 2018年7月23日，洪某强在某市某1区乙酒店将10克甲基苯丙胺贩卖给违法人员庄某，收取违法人员庄某以微信转账方式支付的毒资3500元。

11. 2018年8月17日，洪某强在某市某1区乙酒店将10克甲基苯丙胺贩卖给违法人员庄某，收取违法人员庄某以微信转账方式支付的毒资3500元。

12. 2018年9月9日，洪某强在某市某1区丙酒店内将5克甲基苯丙胺贩卖给违法人员庄某，收取违法人员庄某以微信转账方式支付的毒资1600元。

13. 2018年11月23日，洪某强通过微信与违法人员庄某联系进行毒品交易，在收到违法人员庄某通过微信转账方式预付的部分毒资1000元后，双方约定了交易地点和时间。同月24日晚，洪某强携带毒品来到某市区后联系违法人员郑某鹏（已被行政处罚）一同到某市某1区甲酒店，由违法人员郑某鹏使用其本人的身份证登记办理入住该酒店1651房，洪某强则支付房费。随后，洪某强招引违法人员朱某宏（已被行政处罚）来到该酒店1651房内，提供毒品及吸毒工具冰壶，后与违法人员郑某鹏、朱某宏在该房内吸食毒品。同月25日0时许，洪某强在1651房内将0.76克白色晶体以230元的价格贩卖给违法人员朱某宏。在朱某宏离开后，洪某强依约在该酒店16楼电梯间门口，将4.76克白色晶体以1600元（除去原先预付款1000元，再收取600元现金）的价格贩卖给违法人员庄某。同月25日凌晨，民警在该通信城出口处先后抓获违法人员朱某宏、庄某，并从违法人员朱某宏所背的背包内缴获白色晶体1袋（净重0.76克）、从违法人员庄某所穿的裤袋内缴获白色晶体1袋（净重4.76克）。随后，民警在该酒店1651房内将被告人洪某强和违法人员郑某鹏抓获归案，并从洪某强身上查获现金600元。经某市公安司法鉴定中心检验，上述从违法人员庄某、朱某宏处所缴获的白色晶体，均检出甲基苯丙胺成分。

【案件焦点】

在被告人“零口供”情形下犯罪事实的认定。

【法院裁判要旨】

广东省汕头市龙湖区人民法院经审理认为：被告人洪某强违反国家对毒品的管理规定，非法贩卖甲基苯丙胺98.52克，其行为已触犯刑律，构成贩卖毒品罪。公诉机关指控被告人洪某强犯贩卖毒品罪的罪名成立。

广东省汕头市龙湖区人民法院依照《中华人民共和国刑法》第三百四十七条第一款、第二款第（一）项、第七款和第三百五十七条的规定，判决如下：

被告人洪某强犯贩卖毒品罪，判处有期徒刑十五年，并处没收财产2万元。

洪某强不服一审判决，提出上诉。广东省汕头市中级人民法院经审理认为：上诉人洪某强违反国家对毒品的管理制度，非法贩卖毒品甲基苯丙胺50克以上，其行为已触犯刑律，构成贩卖毒品罪，依法应予以处罚。原审法院根据洪某强犯罪的事实、犯罪的性质、情节、悔罪表现及其行为对社会的危害程度，判处其十五年有期徒刑，量刑适当。一审法院对证据采信的说理论证客观、充分。因此，洪某强上诉对其中12宗贩卖毒品共计93克的行为缺乏相应证据链的理由不充分，不予采纳；要求进一步从轻处罚的理由不充分，不予采纳。二审辩护人关于一审法院对贩卖毒品数量的认定错误，导致错误适用法律规定的意见，不予采纳。认为上诉人犯罪情节较轻，在到案后能主动交代自己的犯罪行为，并且有悔罪的表现，明确表示认罪认罚的意见，与事实不符，不予采纳。综上，原判认定事实清楚，证据确实、充分，定罪准确，量刑适当，审判程序合法。

广东省汕头市中级人民法院依照《中华人民共和国刑事诉讼法》第二百三十六条第一款第（一）项之规定，裁定如下：

驳回上诉，维持原判。

【法官后语】

毒品犯罪因其隐蔽性强，毒品犯罪分子特别是幕后指挥者、毒品提供者往往没有直接出现在交易现场，没有被当场人赃俱获，到案后往往拒不供认罪行，或在审判阶段完全推翻之前的供述并申请排除非法证据，试图逃避刑事处罚。本案系一起典型的被告人基本“零口供”仍强制认定犯罪后定罪处罚的案件，此类案件由于缺少最能反映犯罪全貌的口供，在认定犯罪时必须更加慎重。所谓“零口供”通常是指在刑事诉讼中，犯罪嫌疑人心存侥幸对自己犯罪行为只作无罪辩解，拒绝作有罪供述或保持沉默、缄口不言企图蒙混过关的情形。根据《中华人民共和国刑事诉讼法》第五十五条之规定，“没有被告人供述，证据确实、充分的，可以认定被告人有罪和处以刑罚”。在被告人“零口供”的情形下，在证明方式上，可以以间接证据证明的间接事实为基础，通过间接事实与案件主要事实之间的关联性，还原案件的主要事实，同时根据行为人的客观行为推定其主观罪过。在证明标准上，证明犯罪事实的各证据之间能够相互印证，得出具有排他性的结论，排除行为人无辜的可能性。一般包含以下要求：犯罪构成要件的事实均已经查清且有相应的证据证明；证明犯罪事实、情节的证据经查证属实、核对无误；证据提取手段合法；证据之间能够相互印证，形成完整的证明体系；结论具有唯一性，经对行为人辩解的认定能够排除行为人无辜的可能性。

本案中，洪某强到案后除了稳定供述于2018年11月25日分别贩卖0.76克甲基苯丙胺给违法人员朱某宏、贩卖4.76克甲基苯丙胺给违法人员庄某之外，对于其余贩卖甲基苯丙胺的犯罪事实并未进行详细的供述。违法人员庄某到案后对于其向洪某强购买甲基苯丙胺的数量、价格、交易地点、联系方式、转账方式等细节基本能予以证实。违法人员朱某宏、郑某鹏的证言均能证实被告人洪某强存在贩卖毒品的行为。另外，公安机关从扣押违法人员庄某的手机上依法提取了洪某强与违法人员庄某之间的微信聊天记录，洪某强对其本人使用的微信号、违法人员庄某使用的微信号进行了辨认，违法人员庄某、朱某宏、郑某鹏也对洪某强使用的微信号及微信聊天记录进行了辨认，故洪某强于 2017 年 9 月 28 日至 2018 年 9 月 9 日分 12 次共计贩卖 93 克甲基苯丙胺给违法人员庄某犯罪事实的认定，应着重结合洪某强与违法人员庄某于 2017 年 9 月 28 日至 2018 年 9 月 9 日的微信聊天记录进行审查。经审查，在上述微信聊天记录中，洪某强与违法人员庄某对于每次交易甲基苯丙胺的数量、价格、地点等细节均有详细的提及，而且每次交易的转账记录均有所体现，特别是对于部分交易需要违法人员庄某预先支付钱款的细节与洪某强的供述、违法人员庄某的证言能够相互印证。

综上所述，洪某强的供述与违法人员庄某、朱某宏、郑某鹏的证言、微信聊天记录等证据能够相互印证，形成完整的证据链，足以认定洪某强于 2017 年 9 月 28 日至 2018 年 11 月 25 日分 13 次共计贩卖 98.52 克甲基苯丙胺给违法人员庄某、朱某宏的犯罪事实，构成贩卖毒品罪。

编写人：广东省汕头市龙湖区人民法院　纪冰

41

血样采集不规范但能够补正和排除合理怀疑可作为证据使用

——陈某危险驾驶案

【案件基本信息】

1. 裁判书字号

广东省茂名市中级人民法院（2020）粤 09 刑终 356 号刑事裁定书

2. 案由：危险驾驶罪

【基本案情】

2019 年 9 月 21 日中午，被告人陈某和五名同学在某饭店吃饭，其间饮酒。到下午 3 时多，陈某驾驶小型越野车沿包茂高速信宜往茂名方向行驶，当行驶至 K2929+100m 路段时，追尾碰撞贾某驾驶的轻型货车，造成车辆轻微损坏的交通事故。陈某没有停留而是驾车驶离现场，当行驶至 K2929+600m 路段时，碰撞道路中间隔离带后再碰撞右侧护栏，致车辆无法继续行驶。后贾某驾车经过发现，遂报警处置。交警到场处理，对陈某进行呼气酒精测试，结果为 307mg/100mL。当日下午 6 时，民警带陈某到某医院委托医护人员抽取血样检验血液乙醇含量，次日将 1 号血样送某市公安局司法鉴定中心鉴定，经鉴定陈某血样中乙醇含量为 320. 7mg/100mL；对 2 号血样进行冷藏保管。2019 年 12 月 18 日，某市公安局将陈某的 2 号血样送某医科大学司法鉴定中心鉴定，经鉴定陈某 2 号血样乙醇含量为 275. 7mg/100mL。经某市公安局交警大队认定，在与贾某的交通事故中陈某负全部责任，贾某无责任。某医院医护人员对被告人陈某抽取血样前，使用了含乙醇的消毒液（茂康复合碘皮肤消毒液）对陈某手臂皮肤进行消毒。

【案件焦点】

血样采集过程不规范，鉴定意见是否属于非法证据应予排除。

【法院裁判要旨】

广东省信宜市人民法院经审理认为：被告人陈某醉酒在高速公路上驾驶机动车，造成交通事故并负事故全部责任，血液中酒精含量超过 200mg/100ml，其行为已构成危险驾驶罪，应从重处罚。陈某具有坦白情节，可以从轻处罚。

广东省信宜市人民法院依照《中华人民共和国刑法》第一百三十三条之一第一款第（二）项，第五十二条，第五十三条，《最高人民法院、最高人民检察院、公安部关于办理醉酒驾驶机动车刑事案件适用法律若干问题的意见》第一条，第二条第（一）项、第（二）项、第（三）项之规定，作出如下判决：

被告人陈某犯危险驾驶罪，判处拘役二个月，并处罚金人民币5000元。

陈某不服一审判决，以本案鉴定意见程序违法，不能作为定案依据为由提起上诉。辩护人提出血样可能受到污染，鉴定意见应当作为非法证据排除。广东省茂名市中级人民法院经审理认为：第一，本案对于陈某血样的保管、送检和检验过程合法。陈某在案发当日即被民警带至医疗机构，在其本人见证下抽血采样并依规保存，经编号登记后移送有监管设备的专门场所冷藏保管；两次送检过程合规，鉴定机构接收的血样与本案采集的血样核对编号一致且符合鉴定条件要求；故此，可排除保管、送检过程出现血样被更换或者污染、凝血、腐败等可能影响鉴定结果的情形。在先后两次检验鉴定过程中，鉴定机构和鉴定人均具备相关鉴定资质，虽然两个鉴定机构分别使用了不同的血液中乙醇含量检测方法，但两种方法均符合相关专业的规范要求，不存在使用错误检测方法的情形。因此，本案对于陈某血样的保管、送检和检验过程合法。

第二，本案血样取证程序存在瑕疵，但已得到补正，排除合理怀疑，采集的血样不属于非法证据，本案鉴定意见可以作为定案依据。根据《车辆驾驶人员血液、呼气酒精含量阀值与检验》相关要求，抽取血样时不应采用醇类药品对皮肤进行消毒，故本案血样的采集过程确实存在不规范的情形。对于上述情形是否对血样中的乙醇含量造成严重影响，鉴定人员在本案审查起诉阶段、审理阶段均作出了相应说明，认为含乙醇消毒液对皮肤消毒，对血液中乙醇含量基本没有影响，该意见是以经过比对试验论证的文献资料为依据。根据醉驾认定标准，纵观本案对陈某的现场酒精呼气测试结果和两次血液中乙醇含量检验结果可见，上述测试和检验结果均一致反映了陈某案发时已处于深度醉酒状态，内容不存在冲突。二次血液中乙醇含量检验结果的差别，也符合鉴定人员所提血液中乙醇含量会随着血样保存时间延长出现降低现象的规律。比照鉴定机构提供的关于采血使用乙醇含量为65%－75%的消毒液的最大影响幅度情况（2.7mg/100mL），本案医护人员使用乙醇含量为50%－60%的茂康复合碘皮肤消毒液进行抽血前皮肤消毒，不足以影响对案发时陈某处于深度醉酒状态的认定。

经审查全案，本案证人证言、被害人陈述及事故现场图等证据中反映的陈某事前饮酒量、其案发时所驾车辆失控情况以及其在事故现场客观表现，与陈某现场酒精呼气测试结果、其血液中乙醇含量检验鉴定结果相互印证，结合本案其他证据，已形成证据链，足以认定上诉人陈某醉酒驾驶发生交通事故并负全部责任的事实。陈某上诉无罪的理据不足，不予支持。

广东省茂名市中级人民法院依照《中华人民共和国刑事诉讼法》第二百三十六条第一款第（一）项之规定，裁定如下：

驳回上诉，维持原判。

【法官后语】

鉴定意见具有较高的证明价值。在司法实践中对鉴定意见主要审查其程序合法性和内容科学性。鉴定程序的合法性审查包括鉴定主体的资格、中立性和鉴定意见的规范性；科学性审查包括检材的客观真实性、鉴定科学原理的可靠性。

本案鉴定意见由具备资质的鉴定机构和鉴定人员作出，在形式上和内容上符合有关规定的要求，鉴定科学原理可靠，故焦点问题在于鉴定检材是否客观真实，这最终决定鉴定意见的准确性。经审查全案证据，可得出以下结论。

1. 医护人员抽取血样未严格遵守《车辆驾驶人员血液、呼气酒精含量阀值与检验》的强制性标准，采集过程不规范。

2. 违反强制性标准提取的血样并不当然属于非法证据。《中华人民共和国刑事诉讼法》第五十六条对应当排除的非法证据种类和取证方式有明确严格界定。本案血样提取虽然不规范，但不符合刑事诉讼法意义上非法证据的内涵和外延。

3. 根据《中华人民共和国刑事诉讼法》第五十六条的规定，“收集物证、书证不符合法定程序，可能严重影响司法公正的，应当予以补正或者作出合理解释”。虽然本案血样采集不规范，取证程序存在瑕疵，但鉴定人员以经过比对试验论证的文献资料为依据，已说明使用含乙醇消毒液对皮肤消毒对血液中乙醇含量基本没有影响。同时现场酒精呼气测试结果和两次血样鉴定检验结果均能够一致反映陈某案发时处于深度醉酒状态，与其他证据反映的陈某事前饮酒量、其案发时所驾车辆失控情况以及其在事故现场客观表现不存在矛盾。即使血样鉴定检验结果可能存在偏差，但参考关于采用类似乙醇含量消毒液进行皮肤消毒采血的最大影响幅度（2.7mg/100mL），也不足以影响对案发时陈某处于深度醉酒状态的最终认定。本案血样提取过程中存在的瑕疵已得到补正，保管、送检过程出现血样被污染、损坏、调换等可能影响鉴定结果的情形也可排除，鉴定意见已得到合理说明。陈某醉驾发生事故的事实清楚，证据确实、充分，其行为已构成危险驾驶罪。

编写人：广东省茂名市中级人民法院　张驰　周靖茵

42

危险驾驶罪中存在瑕疵的血液鉴定意见之证明力认定

——鞠某危险驾驶案

【案件基本信息】

1. 裁判书字号

广东省清远市中级人民法院（2020）粤18刑终156号刑事裁定书

2. 案由：危险驾驶罪

【基本案情】

2020年1月18日21时许，被告人鞠某酒后驾驶粤S/6T××小型轿车行驶至清远市清城区桥北路中医院路口路段时，与由肖某峰驾驶的粤R/XJ××号小型轿车发生碰撞，造成双方车辆不同程度损坏的交通事故。经鉴定，鞠某驾车时血液乙醇含量为186.08mg/100mL，属醉酒驾驶机动车。经清远市公安局某分局交通警察大队认定，鞠某承担此事故全部责任。案发后，鞠某已与肖某峰达成和解。

【案件焦点】

1. 存在瑕疵的鉴定意见能否作为定案证据；2. 在使用75%酒精消毒的情况下抽取静脉血液是否会影响血液中的乙醇含量。

【法院裁判要旨】

广东省清远市清城区人民法院经审理认为：关于本案的鉴定意见等证据能否作为定案证据的问题。根据《中华人民共和国刑事诉讼法》第五十六条规定，收集物证、书证不符合法定程序，可能严重影响司法公正的，应当予以补正或者作出合理解释；不能补正或者作出合理解释的，对该证据应当予以排除。在本案中，委托鉴定表、受案登记表虽存在瑕疵，但不存在可能严重影响司法公正的情况，且公安机关已予以补正，可以作为证据使用。某司法鉴定所法医毒物司法鉴定意见书（某司鉴所〔2020〕毒检字第0034号）是由有资质的鉴定机构和鉴定人根据有关规定和标准，依据法定程序出具的司法鉴定，具有证据的效力。鉴定意见中鉴定人员的签名虽是打印的，但同样属于鉴定人员的亲笔签名，具有同等的效力。鉴定意见经过查证属实，故对鉴定意见依法予以采纳，可作为定案的依据。鞠某的抽血时间为2020年1月18日23时25分，送检时间为2020年1月19日，不存在送检延误的情况，且鞠某的抽血过程有当事人血样（尿样）提取登记表、执法视频予以证明，辩护人对送检的血样提出无理的质疑，纯属无中生有。辩护人发表辩论意见应基于其专业知识根据现有的证据提出合理的怀疑，而不是胡搅蛮缠，浪费司法资源。综上，对于辩护人提出证据存疑，鉴定过程不规范，请求依法排除非法证据并判处被告人鞠某无罪的意见，不予采纳。

鞠某在道路上醉酒驾驶机动车，其行为构成危险驾驶罪。鞠某留在事故现场等候处理，并能如实供述其犯罪事实，可以认定为自首，依法可以从轻处罚。鞠某自愿认罪认罚，悔罪态度较好，可以依法从宽处罚。鞠某没有犯罪前科，是初犯、偶犯，依法可以酌情从轻处罚。鞠某与被害人家属达成和解协议，依法可以酌情从轻处罚。鞠某醉酒驾驶机动车，造成交通事故且负事故全部责任，依法从重处罚。综合考虑鞠某的犯罪事实、情节和悔罪表现，本着惩罚与教育相结合的原则，置鞠某于社会上改造确实不致再危害社会，可以对鞠某适用缓刑。

广东省清远市清城区人民法院依据《中华人民共和国刑法》第一百三十三条之一第一款第（二）项、第五十二条、第五十三条、第六十七条第一款、第七十二条、第七十三条，《中华人民共和国刑事诉讼法》第十五条、第二百零一条、第二百九十条之规定，判决如下：

被告人鞠某犯危险驾驶罪，判处拘役二个月，缓刑四个月，并处罚金人民币 4000 元。

鞠某不服一审判决，提起上诉。二审期间，对本案进行补充侦查，由清远市公安局某分局交通警察大队某中队组织进行侦查实验，由某司法鉴定所辅助实验检验，对随机选择的 8 名 21 岁至 31 岁的男性（部分实验对象适量饮酒）以及征求鞠某本人同意参与的情况下，使用 75%酒精消毒后，抽取实验对象手臂静脉血液检测血液中乙醇含量、另在不同部位使用碘伏消毒情况下抽取实验对象手臂静脉血液检测血液中乙醇含量，实验结果反映在使用 75%酒精消毒情况下抽取静脉血液对血液中乙醇含量值无明显波动影响，没有增加血液中乙醇含量的数值。

广东省清远市中级人民法院经审理认为：交通警察到场后将鞠某带到医院抽血的执法仪记录的视频显示抽血对象没有错误，抽血人员为专业护士，样品保管系在医院进行，送检间隔时间短，从鉴定材料封装情况及移送编码的情况看，没有混乱错误，可以证明检材没有受到污染，鉴定机构与鉴定人员均具备资质，因而本案的鉴定材料来源真实。辩护人所提的检材受污染的质疑没有合理性，不能成立。经过补充侦查实验，根据实验结果已足以排除本案的其他合理怀疑，印证鉴定意见的客观真实性，本案的鉴定意见可以采信作为定案依据。因此，鞠某及其辩护人的上诉理由和辩护意见均不成立。

广东省清远市中级人民法院依照《中华人民共和国刑事诉讼法》第二百三十六条第一款第（一）项之规定，裁定如下：

驳回上诉，维持原判。

【法官后语】

本案处理重点在于违反国家强制性标准抽取血样从而作出的鉴定意见能否作为定案依据以及在使用75%酒精消毒的情况下抽取静脉血液是否会影响血液中的乙醇含量。根据《车辆驾驶人员血液、呼气酒精含量阈值与检验》（GB19522-2010）第5.3.1条规定：对需要检验血液中酒精含量的，应及时抽取血样。抽取血样应由专业人员按要求进行，不应采用醇类药品对皮肤进行消毒。本案中，鉴于委托鉴定表、受案登记表存在瑕疵，且因时间久远，相关医护人员已忘记抽取血样时是采取碘伏消毒方式还是酒精消毒方式，因而无法确定具体使用的消毒药剂，血样抽取违反国家强制性标准，应认定为取证程序不规范。虽然程序存在瑕疵，但不严重影响司法公正，故该鉴定意见应属于瑕疵证据。而后公安机关为此作出补正，给予合理解释，因此该证据并不当然属于非法证据予以排除。

为进一步加强鉴定意见的客观性与真实性，排除合理怀疑，本案在二审期间进行补充侦查，由清远市公安局某分局交通警察大队某中队组织进行侦查实验，实验结果反映使用75%酒精消毒情况下抽取静脉血液对血液中乙醇含量值无明显波动影响，没有增加血液中乙醇含量的数值。虽然基于经济成本考虑，此项侦查实验只在鞠某及另外8名（21岁至31岁）的男性进行，样本数量较少，实验结果可能不具有普适性。但在实验对象上尽可能选取与鞠某年龄相近的男性，并以控制变量的方式开展实验，充分考虑到个体差异、酒精摄入量对实验结果造成的影响。此外，该实验是在获得被告人鞠某同意的情况下进行，总体而言，该实验结果是可信的，具有证明力。

辩护人的辩护意见乍看有理，但深思之后并不符合经验法则。酒精消毒一般是使用棉球蘸取酒精拭擦皮肤表面，而血样抽取的是静脉血液，酒精并不能直接进入静脉血管内。且酒精是一种高度挥发性液体，而消毒使用的酒精量少、针尖与皮肤的接触面积也极小，因此即便酒精通过针尖进入静脉血管内，经全身血液稀释后，其对酒精含量的测定影响亦微乎其微，若非血液中酒精含量达案件立案标准临界点，并不会影响到行为定性。但《车辆驾驶人员血液、呼气酒精含量阀值与检验》之所以严格规定，是对执法权、司法权的约束和限制，是出于对当事人合法权益的保护，体现着司法人员对程序正义与实体正义的坚持与司法权威，故此侦查人员、医护人员等都应严格执行，依法规范取证。法官应贯彻证据裁判规则，坚持实体公正与程序公正并重，达到惩治犯罪与保护权利的平衡。

编写人：广东省清远市中级人民法院　冯灼英

43

未对原始存储介质数据进行审查的微信聊天记录之证据资格认定

——龙某 1 猥亵儿童案

【案件基本信息】

1. 裁判书字号

北京市第二中级人民法院（2020）京 02 刑终 276 号刑事裁定书

2. 案由：猥亵儿童罪

【基本案情】

2019 年 6 月 1 日 10 时许，被告人龙某 1 在北京市大兴区某镇自家后院北侧一房屋内对龙某 2（女，9 岁）进行猥亵，2019 年 6 月 25 日，龙某 1 被传唤到案。

【案件焦点】

在未对微信聊天记录中的内容所对应的原始存储介质数据进行审查的情况下，该微信聊天记录能否作为定案根据。

【法院裁判要旨】

北京市大兴区人民法院经不公开审理认为：被告人龙某1猥亵未满14周岁的幼女，其行为已构成猥亵儿童罪，依法应从重处罚。公诉机关提供的证据足以认定指控事实，且辩方提供证据，亦不足以支持其辩护意见，故对龙某1辩解及辩护人辩护意见，不予采纳。

北京市大兴区人民法院依照《中华人民共和国刑法》第二百三十七条第一款、第三款之规定，作出如下判决：

被告人龙某1犯猥亵儿童罪，判处有期徒刑二年。

龙某1不服一审判决，提出上诉。北京市第二中级人民法院经审理认为：一审中，公诉人当庭出示了接受证据清单和微信聊天记录截图，接受证据清单上载："名称：微信截图，数量：两张，特征：纸质，提交人处有张某的签名和捺印，保管人和办案人处均有办案单位人员签名，提交人、保管人、办案人下方落款时间均为2019年6月2日"。龙某1及其辩护人当庭对上述接受证据清单未提出异议，但对微信聊天记录截图的真实性不予认可。关于龙某1的辩护人所提微信聊天记录不应作为定案的根据的相关辩护意见，经查，根据《最高人民法院关于适用〈中华人民共和国刑事诉讼法〉的解释》第九十四条的相关规定，经审查无法确定真伪的电子数据，不得作为定案的根据。本案中，微信聊天记录截图系张某向公安机关提交，其中的聊天记录等内容属于电子数据，在未对上述微信聊天记录截图中的内容所对应的原始存储介质数据进行审查的情况下，无法确定其真伪，上述微信聊天记录截图不应作为定案的根据。辩护人所提此节辩护意见成立，予以采纳。除一审法院将上述微信聊天记录截图作为定案根据有误外，二审法院同意一审法院裁判意见。

北京市第二中级人民法院依照《中华人民共和国刑事诉讼法》第二百三十六条第一款第（一）项之规定，裁定如下：

驳回龙某1的上诉，维持原判。

【法官后语】

随着移动通信的普及和社交网络的迅猛发展，刑事案件中涉及电子数据情况呈暴发增长势态，尤其在性侵害未成年人案件中，在被告人作无罪辩解时，手机通话、短信、照片、视频及微信聊天记录、移动设备位置信息等相关电子数据，往往成为认定案件事实的关键证据。本案是审理性侵害未成年人犯罪案件中严格审查微信聊天记录证据资格的典型案例。

关于微信聊天记录截图属于书证还是电子数据，实践中尚未形成一致观点。虽然微信聊天记录截图客观上以图片形式存在，具有书证的一般属性，但该截图发挥实质证明作用的是截图记载的微信聊天记录。根据《最高人民法院、最高人民检察院、公安部关于办理刑事案件收集提取和审查判断电子数据若干问题的规定》第一条的规定，电子数据是案件发生过程中形成的，以数字化形式存储、处理、传输的，能够证明案件事实的数据。手机短信、电子邮件、即时通信、通讯群组等网络应用服务的通信信息均属于电子数据。微信聊天记录属于即时通信网络应用服务的通信信息，故截图记载的微信聊天记录应属于电子数据。

《最高人民法院关于适用〈中华人民共和国刑事诉讼法〉的解释》第一百一十条规定，对电子数据是否真实，应当着重审查是否移送原始存储介质；在原始存储介质无法封存、不便移动时，有无说明原因，并注明收集、提取过程及原始存储介质的存放地点或者电子数据的来源等情况。第一百一十二条规定，对收集、提取电子数据是否合法，应当着重审查收集、提取电子数据是否由二名以上调查人员、侦查人员进行，取证方法是否符合相关技术标准等。本案严格来说公安机关对微信聊天记录的取证程序并不符合《最高人民法院、最高人民检察院、公安部关于办理刑事案件收集提取和审查判断电子数据若干问题的规定》，在公安机关收取上述微信聊天记录截图时，到一审法院作出判决期间，并不存在无法审查核对电子数据原始存储介质的情况，公安机关、公诉机关和一审法院均未再对该微信聊天记录的原始存储介质数据进行审查。二审期间，经二审法院核实，已失去审查核对电子数据原始存储介质的条件。鉴于本案一审宣判前，未对上述微信聊天记录截图中的内容所对应的原始存储介质数据进行审查，龙某1及其辩护人在一审、二审均对微信聊天记录的真实性提出异议，微信聊天记录的真伪无法确定，故上述微信聊天记录截图不应作为本案定案的根据。鉴于该微信聊天记录仅佐证龙某2和其母张某关于张某得知龙某2被猥亵的相关陈述、证言，故未对认定龙某1犯猥亵儿童罪的证据链产生实质性影响。

另需指出的是，在性侵害未成年人案件司法实践中，部分办案人员还存在对电子数据认识不到位，对电子数据理解不一致，以及对电子数据审查不严谨、不全面的情况，很可能导致部分案件中的相关电子数据无法作为定案根据，进而对认定犯罪的证据链产生实质性影响。因此各办案机关应加强部门之间的沟通交流，对于电子数据的提取、固定、审查等方面加强专业化培训，提高对电子数据重要性的认识，坚持以审判为中心的办案理念，合法、高效、完整地收集、固定、审查相关证据，避免因程序违法或瑕疵导致关键证据无法使用，错失补救时机，影响案件基本事实的准确认定。

编写人：北京市第二中级人民法院　陈光旭

44

性侵害未成年人案件中被害人陈述稳定可靠且与其他证据能够印证的应当予以采信

——祁某1强奸案

【案件基本信息】

1. 裁判书字号

北京市第二中级人民法院（2020）京02刑终574号刑事裁定书

2. 案由：强奸罪

【基本案情】

被告人祁某 1 与被害人祁某 2（女，13 岁）系父女关系。2019 年 7 月的一天晚上，祁某 1 在自家二楼祁某 2 房间内，采用按压手段强行亲吻祁某 2，并欲与祁某 2 发生性关系，因祁某 2 反抗而未发生，后祁某 1 强迫祁某 2 为其口淫。

2019 年 9 月 29 日晚上，祁某 1 在自家二楼祁某 2 房间内，用棍棒殴打祁某 2，逼迫祁某 2 脱掉衣裤，后强行摸祁某 2 的阴部、胸部，并欲与祁某 2 发生性关系，因祁某 2 反抗而未发生，后祁某 1 强迫祁某 2 为其口淫。

【案件焦点】

性侵害未成年人案件中对未成年被害人陈述的审查。

【法院裁判要旨】

北京市房山区人民法院经审理认为：被告人祁某 1 为满足个人私欲，明知被害人祁某 2 系不满 14 周岁的幼女，仍违背其意志，采用暴力、胁迫手段强行与其发生性关系，且该幼女系与其有共同家庭生活关系的人员，祁某 1 的行为已构成强奸罪并应从重处罚。

北京市房山区人民法院判决被告人祁某 1 犯强奸罪，判处有期徒刑六年。

祁某 1 不服一审判决，提出上诉，认为一审判决事实不清，缺乏证据，其没有对被害人实施强奸行为。取证过程存在偏激，其提供的线索没有核实。指定辩护人的辩护意见是：（1）本案中证实"性器官接触"之关键事实的证据系唯一证据，无其他证据印证，认定存在强奸行为证据不足。现有证据只有被害人的陈述证实存在"性器官接触"这一事实，其他证人证言均来源于被害人陈述，祁某 1 也否认该事实。（2）祁某 2 对多个与案件有关的事实陈述前后不一、相互矛盾，陈述的证明力不足，真实性令人质疑。祁某 2 对祁某 1 所穿衣物及是被害人自己脱衣服还是被强行脱衣服等陈述不一致。（3）如果认定祁某

1 构成强奸罪，应当考虑被告人系犯罪中止。（4）本案证据来源单一，无法与其他证据相互印证，可信度存疑。祁某 2 小时候并未与祁某 1 一起生活且祁某 1 经常殴打、辱骂祁某 2，双方父女关系糟糕，祁某 2 作出的不利于祁某 1 的陈述应当秉持客观角度予以认定。

北京市第二中级人民法院经审理认为：本案在案证据包括被害人陈述、证人证言、微信聊天记录截图、到案经过等，相关证据能够相互印证，已经形成完整的证据链，证实祁某 1 实施强奸祁某 2 的行为。关于辩护人所提祁某 2 陈述前后不一、相互矛盾，双方父女关系糟糕，祁某 2 作出不利于祁某 1 的陈述的意见，法院认为，性侵害未成年人犯罪案件中，根据经验和常识，被害未成年人陈述合乎情理、逻辑，对细节的描述符合其认知和表达能力，且有其他证据予以印证，祁某 1 的辩解没有证据支持，结合双方关系不存在诬告可能的，应当采纳未成年人的陈述。经查，本案被害人祁某 2 作为 13 周岁幼女，已经具有与其年龄相适应的认知能力，陈述完整，表达顺畅，陈述内容合乎情理、逻辑，对于案发经过的细节描述符合其认知和表达能力，对案件基本事实和主要情节的描述稳定，对部分案发经过细节的记忆模糊，亦符合其年龄特征及一般记忆规律，且本案案发及报案过程自然，祁某 2 陈述能够与在案的证人王某某证言、微信聊天记录截图及祁某 1 的部分供述相印证，故对祁某 2 的陈述应当予以采纳。而祁某 1 对于微信聊天记录的内容无法作出合理解释，且聊天内容严重违背社会伦理道德，辩护人所提辩护意见亦没有证据支持，结合双方关系可以排除诬告陷害的可能，故对辩护人的相关辩护意见本院不予采信。

北京市第二中级人民法院依照《中华人民共和国刑事诉讼法》第二百三十六条第一款第（一）项之规定，裁定如下：

驳回上诉，维持原判。

【法官后语】

本案的争议焦点在于在案证据是否形成完整的证据链，证实被告人实施了强奸行为。性侵害未成年人案件的证据具有特殊性，证明犯罪是否成立的直接证据往往只有被告人供述和被害人陈述。本案中被告人不供认，仅有未成年被害人陈述作为唯一直接证据，此种情况若盲目适用“存疑有利于被告人原则”，不仅极易放纵犯罪，而且不利于未成年人合法权益的特殊保护。未成年被害人的陈述是否真实、能否与其他在案证据相互印证，成为判定此类案件是否达到“证据确实、充分”的主要标准。

第一，对被害人陈述内容的审查。性侵害未成年人犯罪案件中，根据经验和常识，被害未成年人陈述合乎情理、逻辑，对细节的描述符合其认知和表达能力，且有其他证据予以印证，被告人的辩解没有证据支持，结合双方关系不存在诬告可能的，应当采纳未成年人的陈述。本案被害人祁某2作为13周岁幼女，已经具有与其年龄相适应的认知能力，祁某2陈述完整，表达顺畅，陈述内容合乎情理、逻辑，对于案发经过的细节描述符合其认知和表达能力，对案件基本事实和主要情节的描述稳定，对部分案发经过细节的记忆模糊，亦符合其年龄特征及一般记忆规律。本案案发后，祁某2在公安机关有过多次陈述，对于案发时间、地点、主要性侵过程均是稳定一致的，其陈述中关于被告人神态动作、双方对话及口淫等细节若无亲身经历难以多次顺畅完整表达，其表达方式及用语习惯均符合其年龄特点，虽然存在对某一次过程中双方穿着及如何脱衣等细节存在模糊，但亦符合记忆规律，更增加其陈述可信度。

第二，对被害人陈述与其他证据印证的审查。本案中，祁某2陈述能够与在案的证人王某某证言、微信聊天记录截图及祁某1的部分供述相印证。证人王某某证言连续稳定、真实有效，其对于案发前后被害人的反常表现与被害人陈述情况相符。对微信聊天记录真实性各方均无异议，聊天内容严重违背社会伦理道德，且能印证被害人陈述，而祁某1对此无法作出合理解释。祁某1供述部分内容亦与被害人陈述相符。

第三，对案件背景及案发原因的审查。本案是发生在家庭内部严重违背人伦的强奸案。祁某2作为不满14周岁的幼女，依赖其父祁某1的直接抚养，而祁某1作为监护人不仅不履行监护职责，甚至长期性侵亲生女儿，祁某2在不堪其父侵犯后，告知与其关系较好的继母王某某，在王某某带领下报警。案发过程真实自然，不存在因各种意外事件影响报案动机，结合双方关系可以排除诬告陷害的可能。

综上所述，本案被害人陈述应当予以采信，综合全案认为已经形成完整证据链，达到“证据确实、充分”的证明标准。此类案件中，对被害人陈述审查应重点围绕：(1) 陈述是否稳定可靠，陈述内容是否与其年龄、智力及生活经验、常理相符，报案过程是否自然。(2) 陈述连续稳定部分能否与其他证据相互印证。(3) 被告人的辩解是否具有合理性，是否有证据支持，是否存在诬告陷害的可能。

编写人：北京市第二中级人民法院　王平　祁欢

四、程 序

45

未成年人接受社区矫正时因客观原因未在规定时间内完善报到手续的，不予撤销缓刑

——孙某豪刑罚变更案

【案件基本信息】

1. 裁判书字号

河南省平顶山市汝州市人民法院（2020）豫 0482 刑更 10 号刑事裁定书

2. 案由：刑罚变更

【基本案情】

2020 年 8 月 25 日，河南省平顶山市汝州市人民法院作出了（2020）豫 0482 刑初 370 号刑事判决书，以盗窃罪判处被告人孙某豪拘役三个月，缓刑五个月，并处罚金人民币 5000 元（已缴纳），缓刑考验期自 2020 年 9 月 7 日至 2021 年 2 月 6 日。判决生效后，孙某豪于 2020 年 9 月 7 日到汝州市司法局社区矫正机构报到，工作人员让其第二日办好手机定位卡后再办理手续，2020 年 9 月 11 日，孙某豪被车撞伤左足跟部，在医院住院治疗，2020 年 9 月 16 日出院，出院医嘱：（1）患肢管型石膏外固定，继续卧床休息；（2）卧床主动功能锻炼；（3）口服接骨药物治疗；（4）每一月来院复查一次至骨折愈合；（5）不

适随诊。2020 年 10 月 14 日，孙某豪在办理好手机定位卡后到汝州市司法局办理社区矫正手续。

汝州市司法局提出：社区矫正对象孙某豪应该在 2020 年 9 月 17 日前到社区矫正机构报到，但孙某豪截止到 2020 年 10 月 13 日仍未按规定时间到汝州市社区矫正机构报到。其行为违反了《中华人民共和国社区矫正法》第二十八条、《中华人民共和国社区矫正法实施办法》第四十六条第一款第（二）项、《河南省社区矫正工作细则》第一百六十二条第（二）项之规定，建议对其撤销缓刑。根据《中华人民共和国刑法》第七十七条、《中华人民共和国社区矫正法实施办法》第四十六条第一款第（二）项、《河南省社区矫正工作细则》第一百六十二条第（二）项之规定，建议对社区矫正对象孙某豪撤销缓刑。

社区矫正对象孙某豪辩称，“判决生效后，我于 2020 年 9 月 7 日到汝州市司法局社区矫正中心报到，到了之后，工作人员让我先去联通公司办个定位手机卡，当时我家里没钱，就想着过两天发工资再办，9 月 11 日我出了个车祸，左跟骨骨折，住了 6 天院，花了 1000 多元医疗费，9 月 16 日出院，当时受伤部位有石膏固定，医生让我继续卧床休息，我出院回家后一直在床上休养，10 月 14 日石膏去掉后我就赶紧去司法局了，工作人员让我留了个电话，回家等通知。我希望能再给我一次机会，我一定认真接受社区矫正，改过自新，成为对社会有用的人”。

孙某豪的法定代理人孙某改的意见是，“10 月 14 日孙某豪的石膏去掉后我和他一起去了司法局，当时他的左脚还不敢使劲。他不是故意不去报到，请再给他一次机会”。

检察员的意见是，孙某豪不去报到是因为发生了车祸脚受伤了；孙某豪系未成年人，心智发育不成熟，再加上家长文化水平不高，法律意识也不强，没有及时督促孙某豪，也没有及时去司法局说明情况。建议不予撤销缓刑，继续对其进行社区矫正。

【案件焦点】

孙某豪的行为是否属于“未按规定报道”的情形，是否应当撤销其缓刑。

【法院裁判要旨】

河南省平顶山市汝州市人民法院经审理认为：社区矫正对象孙某豪在 2020 年 9 月 7 日判决生效后即到汝州市司法局社区矫正机构报到，因未办理手机定位卡而没有办理相关手续，不属于未按规定时间报到的情形。之后孙某豪又出车祸住院治疗 6 天，出院医嘱“患肢管型石膏外固定，继续卧床休息”，其未到社区矫正机构完善相关手续有客观原因；孙某豪目前仍未满十八周岁，系未成年人，对其继续进行社区矫正更有利于其改过自新。

综上，社区矫正机构应依照有关规定，遵循“教育、感化、挽救”的方针，对孙某豪继续实施社区矫正，进行监督管理和教育帮助。依照《中华人民共和国刑法》第七十七条第二款和《最高人民法院关于适用〈中华人民共和国刑事诉讼法〉的解释》第四百五十八条之规定，裁定如下：

对汝州市司法局“建议对社区矫正对象孙某豪撤销缓刑”的建议不予采纳。

【法官后语】

社区矫正是一项重要的非监禁刑罚执行制度，是宽严相济刑事政策在刑罚执行方面的重要体现，充分体现了社会主义法治教育人、改造人的优越性。

未成年人是祖国的未来，民族的希望。未成年人由于心智发育还未成熟，国家对实施犯罪的未成年人实施特殊保护。《中华人民共和国刑法》第十七条规定，已满十四周岁不满十八周岁的人犯罪，应当从轻或者减轻处罚。《中华人民共和国刑事诉讼法》也专门规定了“未成年人刑事案件诉讼程序”，规定“对犯罪的未成年人实行教育、感化、挽救的方针，坚持教育为主、惩罚为辅的原则”。《最高人民法院关于适用〈中华人民共和国刑事诉讼法〉的解释》第五百四十六条规定：“人民法院审理未成年人刑事案件，应当贯彻教育、感化、挽救的方针，坚持教育为主、惩罚为辅的原则，加强对未成年人的特殊保护。”实践中，我们在审理未成年人刑事案件时，一直坚持“教育为主、惩罚为辅”的原则，执行“教育、感化、挽救”的方针，实施宽严相济的刑事政策，尽最大努力挽救每一个犯罪的未成年人。

具体到本案中，孙某豪盗窃一辆价值4428元的摩托车，案发后，将摩托车追退被害人，并赔偿被害人经济损失1000元。孙某豪案发时刚满16周岁，系初犯、偶犯，认罪态度较好，已退赔被害人损失并得到谅解。法院依法对其宣告缓刑。宣判后，孙某豪未上诉，公诉机关未抗诉，判决于2020年9月7日生效。

孙某豪于2020年9月7日到汝州市司法局社区矫正中心报到，工作人员让其办理手机定位卡后再办理社区矫正手续，由于孙某豪家庭比较困难，准备等到9月15日发工资再去办理手机定位卡，但在9月11日发生车祸，致左跟骨骨折，住院治疗后在家休养，未及时去办理手机定位卡及社区矫正手续。直到10月14日其才在办理好手机定位卡后到司法局完善手续。

孙某豪未能在规定时间内办理好社区矫正手续，有其自己不够重视的主观原因，也有其发生车祸的客观原因。孙某豪已经在判决生效当日到司法局报到，并不属于“不按规定时间报到”的情形；孙某豪由于出车祸未到社区矫正机构完善相关手续有正当理由，不属于“无正当理由不按规定时间报到”的情形；孙某豪系未成年人，对其继续实施社区矫正更有利于其改过自新。未成年人大多文化程度较低，认知能力有限，对未成年人的社区矫正，也应当遵循教育、感化、挽救的方针，根据其年龄、心理特点和身心发育等，采取有益于其身心健发展的监督管理措施。

编写人：河南省平顶山市中级人民法院　侯晓宏　王子璜

河南省平顶山市汝州市人民法院　邵存霞

46

执行担保和分期履行在罚金执行程序中的参照适用规则

——曾某贤罚金刑执行案

【案件基本信息】

1. 裁判书字号

广东省深圳市中级人民法院（2019）粤 03 执恢 190 号执行裁定书

2. 案由：罚金刑执行

【基本案情】

广东省深圳市中级人民法院作出（2016）粤 03 刑初字第 345 号刑事判决书，曾某贤犯走私普通货物罪，判处有期徒刑 8 个月，并处罚金人民币 23 万元，并于 2016 年 10 月 13 日立案执行。执行过程中经查证未发现被曾某贤有可供执行的财产，在采取限制出境措施后，法院裁定终结该次执行程序。

2017 年 11 月 22 日，曾某贤驾驶货柜车无法出境，到法院接受调查，其书面表示判刑后再无走私行为，但暂无能力缴纳全部罚金。同日，雇主代其交纳罚金人民币 5 万元。同年 12 月 13 日，案外人孟某书面为被执行人罚金的执行提供保证，并以其房产提供担保，曾某贤书面承诺将以工资收入分期缴纳，在 2019 年 2 月底前交清罚金。执行法院解除了对曾某贤的限制出境措施。曾某贤按照承诺分 5 期将剩余罚金实际交纳完毕。

【案件焦点】

1. 被执行人财产不足以交纳罚金，执行法院准许能否分期履行；2. 在罚金强制执行程序中能否参照适用民事执行中案外人提供担保和保证的规定。

【法院裁判要旨】

广东省深圳市中级人民法院经审理认为：曾某贤无财产可供执行，已书面承诺分期交纳罚金并开始实际履行，是积极接受教育改造、遵守法治秩序的表现。在申请执行人缺位的情况下，法院可以依职权准许其分期履行的申请。案外人以自有财产为罚金的履行提供担保和保证，是其处分自身合法权益的意思自治行为，承担保证或担保责任后有权向被执行人追偿，最终由被执行人承担责任，因此可以参照民事执行的相关规定予以准许。广东省深圳市中级人民法院（2016）粤03刑初字第345号刑事判决确定的被执行人曾某贤罚金刑内容已经全部执行完毕，该案依法予以执行结案。

广东省深圳市中级人民法院依照《最高人民法院关于刑事裁判涉财产部分执行的若干规定》第十六条、《中华人民共和国民事诉讼法》① 第一百五十四条第一款第（十一）项、《最高人民法院关于人民法院执行工作若干问题的规定（试行）》第一百零八条第（一）项的规定，裁定如下：

本院（2016）粤03刑初字第345号刑事判决确定的被执行人曾某贤罚金刑内容执行完毕，本案予以结案。

【法官后语】

本案处理的关键在于解决分期履行罚金与判决指定履行的期限的冲突，以及案外人提供保证和担保与罚金刑人身专属性之间的冲突。保证和担保作为民事执行中的制度，罚金刑执行中能否适用，其障碍在于刑罚的人身专属性问题。本案例的典型意义之一是通过权利处分的意思自治和担保债务的最终承担，协调了保证和担保制度与罚金刑人身专属性之间的表面冲突，从而论证了民事执行的保证和担保制度在罚金刑执行程序中参照适用的正当性。

1. 在无财产可供执行情况下应当准许分期履行罚金刑

依照《中华人民共和国刑法》第五十三条的规定，罚金应当在判决指定的

---

① 《中华人民共和国民事诉讼法》已经2021年12月24日修改，于2022年1月1日实施。本书收录案例裁判于该法修改之前，适用的是当时有效的条文。

期限内缴纳。不能全部缴纳的，人民法院在任何时候发现被执行人有可以执行的财产，应当随时追缴。本案被执行人经查无可供执行的财产，无法直接强制执行，只能适用随时追缴制度。其书面表示愿意以工资收入分期履行，不再从事走私活动，是积极履行刑罚、遵守法治秩序的表现，虽然分期履行与随时追缴在罚金刑切实履行层面的现实后果一致，但从教育改造的现实意义角度，分期履行明显优于随时追缴。主动履行更有利于刑罚实施的犯罪预防目的，且符合刑法的效率原则。对于分期履行的书面承诺和计划，法院应当予以准许和支持。

罚金执行不可避免地存在与被执行人履行能力之间的矛盾。随时追缴制度的效果同样具有不确定性，不符合效率原则。执行实践中应当探索更多促进主动履行的制度。民事执行中的分期履行和暂缓执行是以执行和解和申请执行人同意为前提条件的，罚金刑执行没有相关规定，且申请执行人始终处于缺位状态。执行过程中经查证无可供执行的财产，无法强制被执行人在判决指定期限内缴纳的情况下，通过依职权准许分期履行和暂缓执行，促进被执行人承担罚金刑的刑事责任，达到刑法的犯罪预防目的。

2. 罚金刑执行程序中案外人保证和财产担保的适用

《最高人民法院关于刑事裁判涉财产部分执行的若干规定》第十六条规定，人民法院办理刑事裁判涉财产部分执行案件，刑法、刑事诉讼法及有关司法解释没有相应规定的，参照适用民事执行的有关规定。罚金是基于被告人本身的犯罪行为而产生的刑事责任之一，具有人身专属性。能否参照民事执行适用执行保证和担保的规定，涉及刑罚、执行和民事法律规定的衔接适用。由于案外人孟某在本案中自愿以书面形式为被执行人曾某贤罚金刑执行提供保证和担保，是处分自身合法权益的意思自治行为，并未违反法律、法规规定。其履行保证和担保责任后，依法应当享有追偿权[①]，最终还是由被执行人承担责任，因此，案外人提供保证和担保，与罚金刑的人身专属性并不冲突，应予准许。参照《最高人民法院关于适用〈中华人民共和国民事诉讼法〉的解释》第四百七十

① 参见《中华人民共和国民法典》第七百条。

条、第四百七十一条之规定，案外人提供保证和担保后，执行法院可以暂缓执行。被执行人在法院决定暂缓执行的期限届满后不履行的，法院可以直接裁定执行担保财产或者担保人的其他财产。执行完毕后由保证人对被执行人行使追偿权。

编写人：广东省深圳市中级人民法院　杜佳鑫　张锦滨

47

侦查期满后解除强制措施且未移送审查起诉的案件不能视为已撤销案件

——姜某某故意伤害案

【案件基本信息】

1. 裁判书字号

北京市第三中级人民法院（2020）京 03 刑终 702 号刑事裁定书

2. 案由：故意伤害罪

【基本案情】

2016 年 9 月 7 日 23 时，被告人姜某某乘坐屈某某驾驶的滴滴顺风车，从北京市朝阳区弘善家园附近行驶至顺义区李桥镇翼之城小区时，其因屈某某先送同车另一乘客的问题与屈某某发生争执，并对屈某某追打，造成屈某某头面部受伤，同车人员屈某某的妻子电话报警，后屈某某到医院就诊。2016 年 9 月 8 日 11 时许，公安机关以殴打他人对姜某某进行治安传唤。同日，公安机关民警带屈某某前往鉴定结构做伤情鉴定，鉴定机构当日结合医院诊断证明书出具人体损伤程度法医学临时鉴定意见书，即“经初步检验，屈某某身体所受损伤构成轻伤二级”。同日，公安机关依据该伤情临检结果对该案刑事立案，并于 21 时对姜某某刑事拘留。2016 年 9 月 9 日，姜某某妻子代为向屈某某赔偿人民币

7万元，屈某某对姜某某表示谅解，表示不再追究任何法律及民事责任，并出具谅解书、收条、撤案书。2016年9月15日，公安机关以“对犯罪嫌疑人采取取保候审不致发生社会危险性”为由，对姜某某取保候审。2016年9月16日，鉴定机构出具正式人体损伤程度法医学鉴定意见书，鉴定意见为“屈某某头面部所受损伤构成轻伤二级”。该鉴定文书发文签单显示由公安机关民警彭某某于当日领取。2017年9月15日，犯罪嫌疑人姜某某取保期限届满，公安机关以“犯罪嫌疑人对被害人进行赔偿，被害人明确表示不追究嫌疑人的责任，并称不再配合做伤情鉴定，故法医院未能出具正式伤情鉴定”为由，对姜某某解除取保候审。2020年2月25日，公安机关将屈某某轻伤二级的鉴定意见通知屈某某，于同年6月4日通知姜某某，并于当日对姜某某进行刑事传唤、再次办理取保候审手续。

【案件焦点】

侦查期满后解除强制措施且未移送公诉机关审查起诉的案件，能否认定该案已被撤销，不再追究行为人的刑事责任。

【法院裁判要旨】

北京市顺义区人民法院经审理认为：关于姜某某该案已撤销，伤情鉴定意见书不真实，送达程序违法，不应再追究其刑事责任的辩解。首先，该案刑事立案后依法对姜某某刑事拘留，后以“取保候审不致发生社会危险性”为由变更强制措施，并建议取保直诉，后因取保候审期限届满依法对其解除强制措施，但公安机关并未出具侦查终结或撤案手续；其次，姜某某殴打他人致人轻伤二级的行为不属于撤销案件的法定情形，即便双方已达成和解协议，亦属于事后认罪悔罪的评价范畴，构成犯罪的可在量刑上予以体现；最后，公安机关于案发次日即发出委托鉴定，鉴定机构于委托当日出具“屈某某身体所受损伤构成轻伤二级”的临检意见，后于2016年9月16日出具正式人体损伤程度法医学鉴定意见书，鉴定结论与临检意见一致，由办案民警于当日签字领取，虽因办案人员原因导致本案鉴定结论未向姜某某告知，但该鉴定意见来源合法，鉴定机构及人员具备鉴定资质，具有证据能力，确存的程序瑕疵不足以影响该案的事实认定。姜某某故意伤害他人身体，致一人轻伤二级，其行为侵犯了公民的人身权利，依法应予惩处。鉴于其到案后如实供述犯罪事实，积极赔偿被害人经济损失并取得谅解，综合其犯罪情节、悔罪表现及社会危害性，依法对其从轻处罚并宣告缓刑。

北京市顺义区人民法院依照《中华人民共和国刑法》第二百三十四条第一款，第六十一条、第六十七条第三款、第七十二条第一款、第七十三条第二款及第三款，判决如下：

被告人姜某某犯故意伤害罪，判处有期徒刑七个月缓刑一年。

姜某某不服一审判决，提起上诉。北京市第三中级人民法院认为一审判决定罪及适用法律正确，量刑适当，同意一审法院裁判意见。裁定驳回姜某某的上诉，维持原判。

【法官后语】

本案的处理重点集中在对撤销案件法定情形的把握和侦查程序瑕疵是否足以影响案件实体处理的判断，实践中应具体准确把握以下三个方面。

1. 严格适用法定撤销案件范围

依据《公安机关办理刑事案件程序规定》第一百八十六条和《中华人民共和国刑事诉讼法》第十六条，应撤销案件可分为三类情形，一是没有实施犯罪事实，本就不应被追诉的；二是犯罪事实因情节显著轻微、危害不大，予以“宽大处理”而不认为是犯罪的；三是犯罪事实存在，但因超过追诉时效不再追究刑事责任的或经特赦免除刑事处罚的，或行为人死亡再定罪处罚没有实际意义的以及部分不属于公诉案件范围的情形。本案中，姜某某作为成年人，因乘车问题与屈某某发生口角后未能克制，激化矛盾并追打屈某某，后经鉴定屈某某头面部局部骨折构成轻伤二级，姜某某的行为已涉嫌犯故意伤害罪，因不符合前述应当撤销案件的法定条件，故依法应予移送审查起诉。另，双方达成的赔偿、谅解协议，系被害人对该案的个人态度，不足以在公诉案件中成为是否追究刑事责任的决定因素。

2. 强制措施与刑罚存在本质区别，二者应独立评价

该案在办理中有观点认为，从刑罚结果的可预期上看，姜某某已被取保候审十二个月，由于侦查人员办案环节存在的问题导致强制措施时间过长，且侦查阶段办案期限已超过同类案件，致使姜某某人身自由“额外”受到一定限制，该不利后果不应由其承担。综合姜某某的犯罪情节和认罪悔罪态度，依据类案标准判处缓刑是可预期的，故从刑罚的结果与人身自由实际受限制时间相互折抵的角度出发，不宜再追究其刑事责任。取保候审属于刑事强制措施的一种，是保障刑事诉讼顺利进行的临时性限制人身自由的一种法律手段，体现的是程序保障；而追究刑事责任后的刑罚结果，无论刑种上是拘役、管制、有期徒刑，还是执行方式上判处实刑、缓刑，均是对行为人在刑法层面的评价结果，体现的是实体惩罚性，二者虽一定程度上都限制或剥夺了行为人人身自由，但由于适用诉讼阶段、法律依据、法律性质、实现目的的不同，彼此不能相互评价，即使涉及强制措施期间与刑期折抵的，也应严格依照《中华人民共和国刑法》第四十一条、第四十四条、第四十七条的规定，故本案不存在取保候审与缓刑期间进行折抵的问题。

3. 因程序问题可能影响定罪的，一般以是否足以影响实体认定为判断标准

审判实践中，因程序问题导致犯罪事实不能认定的情形多为取证环节存在的程序违法且未能进行合理说明进而导致证据链缺失影响事实认定。而一般的程序瑕疵，如伤情鉴定意见是否送达当事人，辨认笔录是否有见证人签字等可补证且证据本身来源合法、内容真实的，可认定为不足以影响刑事责任追究的情形。本案虽自2016年案发至2020年被移送审查起诉前诉讼程序无实质进展，但因该案已刑事立案且未终结，有关部门经工作发现该案情况后，为查清案件事实，由侦查机关继续推进该案诉讼进程并无不当，至于时隔三年再次被采取取保候审的强制措施行为是否得当的程序问题，不足以从实体上影响对姜某某刑事责任的追究。

编写人：北京市顺义区人民法院　王海龙

附录：

中华人民共和国刑法修正案（十一）

（2020 年 12 月 26 日第十三届全国人民代表大会常务委员会第二十四次会议通过）

一、将刑法第十七条修改为：“已满十六周岁的人犯罪，应当负刑事责任。

“已满十四周岁不满十六周岁的人，犯故意杀人、故意伤害致人重伤或者死亡、强奸、抢劫、贩卖毒品、放火、爆炸、投放危险物质罪的，应当负刑事责任。

“已满十二周岁不满十四周岁的人，犯故意杀人、故意伤害罪，致人死亡或者以特别残忍手段致人重伤造成严重残疾，情节恶劣，经最高人民检察院核准追诉的，应当负刑事责任。

“对依照前三款规定追究刑事责任的不满十八周岁的人，应当从轻或者减轻处罚。

“因不满十六周岁不予刑事处罚的，责令其父母或者其他监护人加以管教；在必要的时候，依法进行专门矫治教育。”

二、在刑法第一百三十三条之一后增加一条，作为第一百三十三条之二：“对行驶中的公共交通工具的驾驶人员使用暴力或者抢控驾驶操纵装置，干扰公共交通工具正常行驶，危及公共安全的，处一年以下有期徒刑、拘役或者管制，并处或者单处罚金。

“前款规定的驾驶人员在行驶的公共交通工具上擅离职守，与他人互殴或者殴打他人，危及公共安全的，依照前款的规定处罚。

“有前两款行为，同时构成其他犯罪的，依照处罚较重的规定定罪处罚。”

三、将刑法第一百三十四条第二款修改为：“强令他人违章冒险作业，或者明知存在重大事故隐患而不排除，仍冒险组织作业，因而发生重大伤亡事故或者造成其他严重后果的，处五年以下有期徒刑或者拘役；情节特别恶劣的，处五年以上有期徒刑。”

四、在刑法第一百三十四条后增加一条，作为第一百三十四条之一：“在生产、作业中违反有关安全管理的规定，有下列情形之一，具有发生重大伤亡事故或者其他严重后果的现实危险的，处一年以下有期徒刑、拘役或者管制：

“（一）关闭、破坏直接关系生产安全的监控、报警、防护、救生设备、设施，或者篡改、隐瞒、销毁其相关数据、信息的；

“（二）因存在重大事故隐患被依法责令停产停业、停止施工、停止使用有关设备、设施、场所或者立即采取排除危险的整改措施，而拒不执行的；

“（三）涉及安全生产的事项未经依法批准或者许可，擅自从事矿山开采、金属冶炼、建筑施工，以及危险物品生产、经营、储存等高度危险的生产作业活动的。”

五、将刑法第一百四十一条修改为：“生产、销售假药的，处三年以下有期徒刑或者拘役，并处罚金；对人体健康造成严重危害或者有其他严重情节的，处三年以上十年以下有期徒刑，并处罚金；致人死亡或者有其他特别严重情节的，处十年以上有期徒刑、无期徒刑或者死刑，并处罚金或者没收财产。

“药品使用单位的人员明知是假药而提供给他人使用的，依照前款的规定处罚。”

六、将刑法第一百四十二条修改为：“生产、销售劣药，对人体健康造成严重危害的，处三年以上十年以下有期徒刑，并处罚金；后果特别严重的，处十年以上有期徒刑或者无期徒刑，并处罚金或者没收财产。

“药品使用单位的人员明知是劣药而提供给他人使用的，依照前款的规定处罚。”

七、在刑法第一百四十二条后增加一条，作为第一百四十二条之一：“违反药品管理法规，有下列情形之一，足以严重危害人体健康的，处三年以下有期徒刑或者拘役，并处或者单处罚金；对人体健康造成严重危害或者有其他严重情节的，处三年以上七年以下有期徒刑，并处罚金：

“（一）生产、销售国务院药品监督管理部门禁止使用的药品的；

“（二）未取得药品相关批准证明文件生产、进口药品或者明知是上述药品而销售的；

“（三）药品申请注册中提供虚假的证明、数据、资料、样品或者采取其他欺骗手段的；

“（四）编造生产、检验记录的。

“有前款行为，同时又构成本法第一百四十一条、第一百四十二条规定之罪或者其他犯罪的，依照处罚较重的规定定罪处罚。”

八、将刑法第一百六十条修改为：“在招股说明书、认股书、公司、企业债券募集办法等发行文件中隐瞒重要事实或者编造重大虚假内容，发行股票或者公司、企业债券、存托凭证或者国务院依法认定的其他证券，数额巨大、后果严重或者有其他严重情节的，处五年以下有期徒刑或者拘役，并处或者单处罚金；数额特别巨大、后果特别严重或者有其他特别严重情节的，处五年以上有期徒刑，并处罚金。

“控股股东、实际控制人组织、指使实施前款行为的，处五年以下有期徒刑或者拘役，并处或者单处非法募集资金金额百分之二十以上一倍以下罚金；数额特别巨大、后果特别严重或者有其他特别严重情节的，处五年以上有期徒刑，并处非法募集资金金额百分之二十以上一倍以下罚金。

“单位犯前两款罪的，对单位判处非法募集资金金额百分之二十以上一倍以下罚金，并对其直接负责的主管人员和其他直接责任人员，依照第一款的规定处罚。”

九、将刑法第一百六十一条修改为：“依法负有信息披露义务的公司、企业向股东和社会公众提供虚假的或者隐瞒重要事实的财务会计报告，或者对依法应当披露的其他重要信息不按照规定披露，严重损害股东或者其他人利益，或者有其他严重情节的，对其直接负责的主管人员和其他直接责任人员，处五年以下有期徒刑或者拘役，并处或者单处罚金；情节特别严重的，处五年以上十年以下有期徒刑，并处罚金。

“前款规定的公司、企业的控股股东、实际控制人实施或者组织、指使实施前款行为的，或者隐瞒相关事项导致前款规定的情形发生的，依照前款的规定处罚。

“犯前款罪的控股股东、实际控制人是单位的，对单位判处罚金，并对其直接负责的主管人员和其他直接责任人员，依照第一款的规定处罚。”

十、将刑法第一百六十三条第一款修改为：“公司、企业或者其他单位的工作人员，利用职务上的便利，索取他人财物或者非法收受他人财物，为他人谋取利益，数额较大的，处三年以下有期徒刑或者拘役，并处罚金；数额巨大或者有其他严重情节的，处三年以上十年以下有期徒刑，并处罚金；数额特别巨大或者有其他特别严重情节的，处十年以上有期徒刑或者无期徒刑，并处罚金。”

十一、将刑法第一百七十五条之一第一款修改为：“以欺骗手段取得银行或者其他金融机构贷款、票据承兑、信用证、保函等，给银行或者其他金融机构造成重大损失的，处三年以下有期徒刑或者拘役，并处或者单处罚金；给银行或者其他金融机构造成特别重大损失或者有其他特别严重情节的，处三年以上七年以下有期徒刑，并处罚金。”

十二、将刑法第一百七十六条修改为：“非法吸收公众存款或者变相吸收公众存款，扰乱金融秩序的，处三年以下有期徒刑或者拘役，并处或者单处罚金；数额巨大或者有其他严重情节的，处三年以上十年以下有期徒刑，并处罚金；数额特别巨大或者有其他特别严重情节的，处十年以上有期徒刑，并处罚金。

“单位犯前款罪的，对单位判处罚金，并对其直接负责的主管人员和其他直接责任人员，依照前款的规定处罚。

“有前两款行为，在提起公诉前积极退赃退赔，减少损害结果发生的，可以从轻或者减轻处罚。”

十三、将刑法第一百八十二条第一款修改为：“有下列情形之一，操纵证券、期货市场，影响证券、期货交易价格或者证券、期货交易量，情节严重的，处五年以下有期徒刑或者拘役，并处或者单处罚金；情节特别严重的，处五年以上十年以下有期徒刑，并处罚金：

“（一）单独或者合谋，集中资金优势、持股或者持仓优势或者利用信息优势联合或者连续买卖的；

“（二）与他人串通，以事先约定的时间、价格和方式相互进行证券、期货交易的；

“（三）在自己实际控制的帐户之间进行证券交易，或者以自己为交易对象，自买自卖期货合约的；

“（四）不以成交为目的，频繁或者大量申报买入、卖出证券、期货合约并撤销申报的；

“（五）利用虚假或者不确定的重大信息，诱导投资者进行证券、期货交易的；

“（六）对证券、证券发行人、期货交易标的公开作出评价、预测或者投资建议，同时进行反向证券交易或者相关期货交易的；

“（七）以其他方法操纵证券、期货市场的。”

十四、将刑法第一百九十一条修改为：“为掩饰、隐瞒毒品犯罪、黑社会性质的组织犯罪、恐怖活动犯罪、走私犯罪、贪污贿赂犯罪、破坏金融管理秩序犯罪、金融诈骗犯罪的所得及其产生的收益的来源和性质，有下列行为之一的，没收实施以上犯罪的所得及其产生的收益，处五年以下有期徒刑或者拘役，并处或者单处罚金；情节严重的，处五年以上十年以下有期徒刑，并处罚金：

“（一）提供资金帐户的；

“（二）将财产转换为现金、金融票据、有价证券的；

“（三）通过转帐或者其他支付结算方式转移资金的；

“（四）跨境转移资产的；

“（五）以其他方法掩饰、隐瞒犯罪所得及其收益的来源和性质的。

“单位犯前款罪的，对单位判处罚金，并对其直接负责的主管人员和其他直接责任人员，依照前款的规定处罚。”

十五、将刑法第一百九十二条修改为："以非法占有为目的，使用诈骗方法非法集资，数额较大的，处三年以上七年以下有期徒刑，并处罚金；数额巨大或者有其他严重情节的，处七年以上有期徒刑或者无期徒刑，并处罚金或者没收财产。

"单位犯前款罪的，对单位判处罚金，并对其直接负责的主管人员和其他直接责任人员，依照前款的规定处罚。"

十六、将刑法第二百条修改为："单位犯本节第一百九十四条、第一百九十五条规定之罪的，对单位判处罚金，并对其直接负责的主管人员和其他直接责任人员，处五年以下有期徒刑或者拘役，可以并处罚金；数额巨大或者有其他严重情节的，处五年以上十年以下有期徒刑，并处罚金；数额特别巨大或者有其他特别严重情节的，处十年以上有期徒刑或者无期徒刑，并处罚金。"

十七、将刑法第二百一十三条修改为："未经注册商标所有人许可，在同一种商品、服务上使用与其注册商标相同的商标，情节严重的，处三年以下有期徒刑，并处或者单处罚金；情节特别严重的，处三年以上十年以下有期徒刑，并处罚金。"

十八、将刑法第二百一十四条修改为："销售明知是假冒注册商标的商品，违法所得数额较大或者有其他严重情节的，处三年以下有期徒刑，并处或者单处罚金；违法所得数额巨大或者有其他特别严重情节的，处三年以上十年以下有期徒刑，并处罚金。"

十九、将刑法第二百一十五条修改为："伪造、擅自制造他人注册商标标识或者销售伪造、擅自制造的注册商标标识，情节严重的，处三年以下有期徒刑，并处或者单处罚金；情节特别严重的，处三年以上十年以下有期徒刑，并处罚金。"

二十、将刑法第二百一十七条修改为："以营利为目的，有下列侵犯著作权或者与著作权有关的权利的情形之一，违法所得数额较大或者有其他严重情节的，处三年以下有期徒刑，并处或者单处罚金；违法所得数额巨大或者有其他特别严重情节的，处三年以上十年以下有期徒刑，并处罚金：

“（一）未经著作权人许可，复制发行、通过信息网络向公众传播其文字作品、音乐、美术、视听作品、计算机软件及法律、行政法规规定的其他作品的；

“（二）出版他人享有专有出版权的图书的；

“（三）未经录音录像制作者许可，复制发行、通过信息网络向公众传播其制作的录音录像的；

“（四）未经表演者许可，复制发行录有其表演的录音录像制品，或者通过信息网络向公众传播其表演的；

“（五）制作、出售假冒他人署名的美术作品的；

“（六）未经著作权人或者与著作权有关的权利人许可，故意避开或者破坏权利人为其作品、录音录像制品等采取的保护著作权或者与著作权有关的权利的技术措施的。”

二十一、将刑法第二百一十八条修改为：“以营利为目的，销售明知是本法第二百一十七条规定的侵权复制品，违法所得数额巨大或者有其他严重情节的，处五年以下有期徒刑，并处或者单处罚金。”

二十二、将刑法第二百一十九条修改为：“有下列侵犯商业秘密行为之一，情节严重的，处三年以下有期徒刑，并处或者单处罚金；情节特别严重的，处三年以上十年以下有期徒刑，并处罚金：

“（一）以盗窃、贿赂、欺诈、胁迫、电子侵入或者其他不正当手段获取权利人的商业秘密的；

“（二）披露、使用或者允许他人使用以前项手段获取的权利人的商业秘密的；

“（三）违反保密义务或者违反权利人有关保守商业秘密的要求，披露、使用或者允许他人使用其所掌握的商业秘密的。

“明知前款所列行为，获取、披露、使用或者允许他人使用该商业秘密的，以侵犯商业秘密论。

“本条所称权利人，是指商业秘密的所有人和经商业秘密所有人许可的商业秘密使用人。”

二十三、在刑法第二百一十九条后增加一条，作为第二百一十九条之一：“为境外的机构、组织、人员窃取、刺探、收买、非法提供商业秘密的，处五年以下有期徒刑，并处或者单处罚金；情节严重的，处五年以上有期徒刑，并处罚金。”

二十四、将刑法第二百二十条修改为：“单位犯本节第二百一十三条至第二百一十九条之一规定之罪的，对单位判处罚金，并对其直接负责的主管人员和其他直接责任人员，依照本节各该条的规定处罚。”

二十五、将刑法第二百二十九条修改为：“承担资产评估、验资、验证、会计、审计、法律服务、保荐、安全评价、环境影响评价、环境监测等职责的中介组织的人员故意提供虚假证明文件，情节严重的，处五年以下有期徒刑或者拘役，并处罚金；有下列情形之一的，处五年以上十年以下有期徒刑，并处罚金：

“（一）提供与证券发行相关的虚假的资产评估、会计、审计、法律服务、保荐等证明文件，情节特别严重的；

“（二）提供与重大资产交易相关的虚假的资产评估、会计、审计等证明文件，情节特别严重的；

“（三）在涉及公共安全的重大工程、项目中提供虚假的安全评价、环境影响评价等证明文件，致使公共财产、国家和人民利益遭受特别重大损失的。

“有前款行为，同时索取他人财物或者非法收受他人财物构成犯罪的，依照处罚较重的规定定罪处罚。

“第一款规定的人员，严重不负责任，出具的证明文件有重大失实，造成严重后果的，处三年以下有期徒刑或者拘役，并处或者单处罚金。”

二十六、将刑法第二百三十六条修改为：“以暴力、胁迫或者其他手段强奸妇女的，处三年以上十年以下有期徒刑。

“奸淫不满十四周岁的幼女的，以强奸论，从重处罚。

“强奸妇女、奸淫幼女，有下列情形之一的，处十年以上有期徒刑、无期徒刑或者死刑：

“（一）强奸妇女、奸淫幼女情节恶劣的；

“（二）强奸妇女、奸淫幼女多人的；

“（三）在公共场所当众强奸妇女、奸淫幼女的；

“（四）二人以上轮奸的；

“（五）奸淫不满十周岁的幼女或者造成幼女伤害的；

“（六）致使被害人重伤、死亡或者造成其他严重后果的。”

二十七、在刑法第二百三十六条后增加一条，作为第二百三十六条之一：“对已满十四周岁不满十六周岁的未成年女性负有监护、收养、看护、教育、医疗等特殊职责的人员，与该未成年女性发生性关系的，处三年以下有期徒刑；情节恶劣的，处三年以上十年以下有期徒刑。

“有前款行为，同时又构成本法第二百三十六条规定之罪的，依照处罚较重的规定定罪处罚。”

二十八、将刑法第二百三十七条第三款修改为：“猥亵儿童的，处五年以下有期徒刑；有下列情形之一的，处五年以上有期徒刑：

“（一）猥亵儿童多人或者多次的；

“（二）聚众猥亵儿童的，或者在公共场所当众猥亵儿童，情节恶劣的；

“（三）造成儿童伤害或者其他严重后果的；

“（四）猥亵手段恶劣或者有其他恶劣情节的。”

二十九、将刑法第二百七十一条第一款修改为：“公司、企业或者其他单位的工作人员，利用职务上的便利，将本单位财物非法占为己有，数额较大的，处三年以下有期徒刑或者拘役，并处罚金；数额巨大的，处三年以上十年以下有期徒刑，并处罚金；数额特别巨大的，处十年以上有期徒刑或者无期徒刑，并处罚金。”

三十、将刑法第二百七十二条修改为：“公司、企业或者其他单位的工作人员，利用职务上的便利，挪用本单位资金归个人使用或者借贷给他人，数额较大、超过三个月未还的，或者虽未超过三个月，但数额较大、进行营利活动的，或者进行非法活动的，处三年以下有期徒刑或者拘役；挪用本单位资金数额巨大的，处三年以上七年以下有期徒刑；数额特别巨大的，处七年以上有期徒刑。

“国有公司、企业或者其他国有单位中从事公务的人员和国有公司、企业或者其他国有单位委派到非国有公司、企业以及其他单位从事公务的人员有前款行为的，依照本法第三百八十四条的规定定罪处罚。

“有第一款行为，在提起公诉前将挪用的资金退还的，可以从轻或者减轻处罚。其中，犯罪较轻的，可以减轻或者免除处罚。”

三十一、将刑法第二百七十七条第五款修改为：“暴力袭击正在依法执行职务的人民警察的，处三年以下有期徒刑、拘役或者管制；使用枪支、管制刀具，或者以驾驶机动车撞击等手段，严重危及其人身安全的，处三年以上七年以下有期徒刑。”

三十二、在刑法第二百八十条之一后增加一条，作为第二百八十条之二：“盗用、冒用他人身份，顶替他人取得的高等学历教育入学资格、公务员录用资格、就业安置待遇的，处三年以下有期徒刑、拘役或者管制，并处罚金。

“组织、指使他人实施前款行为的，依照前款的规定从重处罚。

“国家工作人员有前两款行为，又构成其他犯罪的，依照数罪并罚的规定处罚。”

三十三、在刑法第二百九十一条之一后增加一条，作为第二百九十一条之二：“从建筑物或者其他高空抛掷物品，情节严重的，处一年以下有期徒刑、拘役或者管制，并处或者单处罚金。

“有前款行为，同时构成其他犯罪的，依照处罚较重的规定定罪处罚。”

三十四、在刑法第二百九十三条后增加一条，作为第二百九十三条之一：“有下列情形之一，催收高利放贷等产生的非法债务，情节严重的，处三年以下有期徒刑、拘役或者管制，并处或者单处罚金：

“（一）使用暴力、胁迫方法的；

“（二）限制他人人身自由或者侵入他人住宅的；

“（三）恐吓、跟踪、骚扰他人的。”

三十五、在刑法第二百九十九条后增加一条，作为第二百九十九条之一：“侮辱、诽谤或者以其他方式侵害英雄烈士的名誉、荣誉，损害社会公共利益，情节严重的，处三年以下有期徒刑、拘役、管制或者剥夺政治权利。”

三十六、将刑法第三百零三条修改为：“以营利为目的，聚众赌博或者以赌博为业的，处三年以下有期徒刑、拘役或者管制，并处罚金。

“开设赌场的，处五年以下有期徒刑、拘役或者管制，并处罚金；情节严重的，处五年以上十年以下有期徒刑，并处罚金。

“组织中华人民共和国公民参与国（境）外赌博，数额巨大或者有其他严重情节的，依照前款的规定处罚。”

三十七、将刑法第三百三十条第一款修改为：“违反传染病防治法的规定，有下列情形之一，引起甲类传染病以及依法确定采取甲类传染病预防、控制措施的传染病传播或者有传播严重危险的，处三年以下有期徒刑或者拘役；后果特别严重的，处三年以上七年以下有期徒刑：

“（一）供水单位供应的饮用水不符合国家规定的卫生标准的；

“（二）拒绝按照疾病预防控制机构提出的卫生要求，对传染病病原体污染的污水、污物、场所和物品进行消毒处理的；

“（三）准许或者纵容传染病病人、病原携带者和疑似传染病病人从事国务院卫生行政部门规定禁止从事的易使该传染病扩散的工作的；

“（四）出售、运输疫区中被传染病病原体污染或者可能被传染病病原体污染的物品，未进行消毒处理的；

“（五）拒绝执行县级以上人民政府、疾病预防控制机构依照传染病防治法提出的预防、控制措施的。”

三十八、在刑法第三百三十四条后增加一条，作为第三百三十四条之一：“违反国家有关规定，非法采集我国人类遗传资源或者非法运送、邮寄、携带我国人类遗传资源材料出境，危害公众健康或者社会公共利益，情节严重的，处三年以下有期徒刑、拘役或者管制，并处或者单处罚金；情节特别严重的，处三年以上七年以下有期徒刑，并处罚金。”

三十九、在刑法第三百三十六条后增加一条，作为第三百三十六条之一：“将基因编辑、克隆的人类胚胎植入人体或者动物体内，或者将基因编辑、克隆的动物胚胎植入人体内，情节严重的，处三年以下有期徒刑或者拘役，并处罚金；情节特别严重的，处三年以上七年以下有期徒刑，并处罚金。”

四十、将刑法第三百三十八条修改为：“违反国家规定，排放、倾倒或者处置有放射性的废物、含传染病病原体的废物、有毒物质或者其他有害物质，严重污染环境的，处三年以下有期徒刑或者拘役，并处或者单处罚金；情节严重的，处三年以上七年以下有期徒刑，并处罚金；有下列情形之一的，处七年以上有期徒刑，并处罚金：

“（一）在饮用水水源保护区、自然保护地核心保护区等依法确定的重点保护区域排放、倾倒、处置有放射性的废物、含传染病病原体的废物、有毒物质，情节特别严重的；

“（二）向国家确定的重要江河、湖泊水域排放、倾倒、处置有放射性的废物、含传染病病原体的废物、有毒物质，情节特别严重的；

“（三）致使大量永久基本农田基本功能丧失或者遭受永久性破坏的；

“（四）致使多人重伤、严重疾病，或者致人严重残疾、死亡的。

“有前款行为，同时构成其他犯罪的，依照处罚较重的规定定罪处罚。”

四十一、在刑法第三百四十一条中增加一款作为第三款：“违反野生动物保护管理法规，以食用为目的非法猎捕、收购、运输、出售第一款规定以外的在野外环境自然生长繁殖的陆生野生动物，情节严重的，依照前款的规定处罚。”

四十二、在刑法第三百四十二条后增加一条，作为第三百四十二条之一：“违反自然保护地管理法规，在国家公园、国家级自然保护区进行开垦、开发活动或者修建建筑物，造成严重后果或者有其他恶劣情节的，处五年以下有期徒刑或者拘役，并处或者单处罚金。

“有前款行为，同时构成其他犯罪的，依照处罚较重的规定定罪处罚。”

四十三、在刑法第三百四十四条后增加一条，作为第三百四十四条之一：“违反国家规定，非法引进、释放或者丢弃外来入侵物种，情节严重的，处三年以下有期徒刑或者拘役，并处或者单处罚金。”

四十四、在刑法第三百五十五条后增加一条，作为第三百五十五条之一：“引诱、教唆、欺骗运动员使用兴奋剂参加国内、国际重大体育竞赛，或者明知运动员参加上述竞赛而向其提供兴奋剂，情节严重的，处三年以下有期徒刑或者拘役，并处罚金。

“组织、强迫运动员使用兴奋剂参加国内、国际重大体育竞赛的，依照前款的规定从重处罚。”

四十五、将刑法第四百零八条之一第一款修改为：“负有食品药品安全监督管理职责的国家机关工作人员，滥用职权或者玩忽职守，有下列情形之一，造成严重后果或者有其他严重情节的，处五年以下有期徒刑或者拘役；造成特别严重后果或者有其他特别严重情节的，处五年以上十年以下有期徒刑：

“（一）瞒报、谎报食品安全事故、药品安全事件的；

“（二）对发现的严重食品药品安全违法行为未按规定查处的；

“（三）在药品和特殊食品审批审评过程中，对不符合条件的申请准予许可的；

“（四）依法应当移交司法机关追究刑事责任不移交的；

“（五）有其他滥用职权或者玩忽职守行为的。”

四十六、将刑法第四百三十一条第二款修改为：“为境外的机构、组织、人员窃取、刺探、收买、非法提供军事秘密的，处五年以上十年以下有期徒刑；情节严重的，处十年以上有期徒刑、无期徒刑或者死刑。”

四十七、将刑法第四百五十条修改为：“本章适用于中国人民解放军的现役军官、文职干部、士兵及具有军籍的学员和中国人民武装警察部队的现役警官、文职干部、士兵及具有军籍的学员以及文职人员、执行军事任务的预备役人员和其他人员。”

四十八、本修正案自2021年3月1日起施行。

ISBN 978-7-5216-2514-1

9 787521 625141 >

图书在版编目（CIP）数据

中国法院2022年度案例．刑事案例．一／国家法官学院，最高人民法院司法案例研究院编．—北京：中国法制出版社，2022.2

ISBN 978-7-5216-2514-1

Ⅰ.①中…　Ⅱ.①国…②最…　Ⅲ.①刑事犯罪-案例-汇编-中国　Ⅳ.①D920.5

中国版本图书馆CIP数据核字（2022）第025269号

策划编辑：李小草　韩璐玮（hanluwei666@163.com）
责任编辑：韩璐玮　　封面设计：李宁

中国法院2022年度案例．刑事案例．一

ZHONGGUO FAYUAN 2022 NIANDU ANLI. XINGSHI ANLI. YI

编者/国家法官学院，最高人民法院司法案例研究院
经销/新华书店
印刷/三河市紫恒印装有限公司
开本/730毫米×1030毫米　16开　　印张/13　字数/157千
版次/2022年2月第1版　　2022年2月第1次印刷

中国法制出版社出版
书号 ISBN 978-7-5216-2514-1　　定价：50.00元

北京市西城区西便门西里甲16号西便门办公区
邮政编码：100053　　传真：010-63141600
网址：http：//www.zgfzs.com　　**编辑部电话：010-63141790**
市场营销部电话：010-63141612　　**印务部电话：010-63141606**

（如有印装质量问题，请与本社印务部联系。）

中国法院 2012～2022 年度案例系列

国家法官学院　最高人民法院司法案例研究院　编

简便易用、专业实用——打造“好读有用”的案例

1. 专业的作者：国家法官学院自 2012 年起推出《中国法院年度案例》丛书，至今已有 11 年，旨在探索编辑案例的新方法、新模式，以弥补当前各种案例书的不足。自 2020 年起，丛书由国家法官学院与最高人民法院司法案例研究院共同编辑，每年年初定期出版。

2. 强大的规模：2012、2013 年各推出 15 本，2014 年推出 18 本，2015 年推出 19 本，2016 年推出 20 本，2017 年推出 21 本，自 2018 年起推出 23 本，含传统和新近的热点纠纷，这些案例是从全国各地法院收集到的上一年度审结的近万件典型案例中挑选出来的，具有广泛的选编基础和较强的代表性。

3. 独特的内容：不再有繁杂的案情，高度提炼案情和裁判要旨，突出争议焦点问题。不再有冗长的分析，主审法官撰写“法官后语”，展现裁判思路方法。

4. 数据库增值服务：2022 年继续推出数据库增值服务，凡购买本书，扫描前勒口二维码，即可在本年度免费使用往年同类案例数据库，并可免费下载民法典全文及新旧对照。

1. 婚姻家庭与继承纠纷
2. 物权纠纷
3. 土地纠纷（含环境资源纠纷）
4. 房屋买卖合同纠纷
5. 合同纠纷
6. 买卖合同纠纷
7. 借款担保纠纷
8. 民间借贷纠纷
9. 侵权赔偿纠纷
10. 道路交通纠纷
11. 雇员受害赔偿纠纷（含帮工损害赔偿纠纷）
12. 人格权纠纷
13. 劳动纠纷（含社会保险纠纷）
14. 公司纠纷
15. 保险纠纷
16. 金融纠纷
17. 知识产权纠纷
18. 行政纠纷
19. 刑事案例一
20. 刑事案例二
21. 刑事案例三
22. 刑事案例四
23. 执行案例

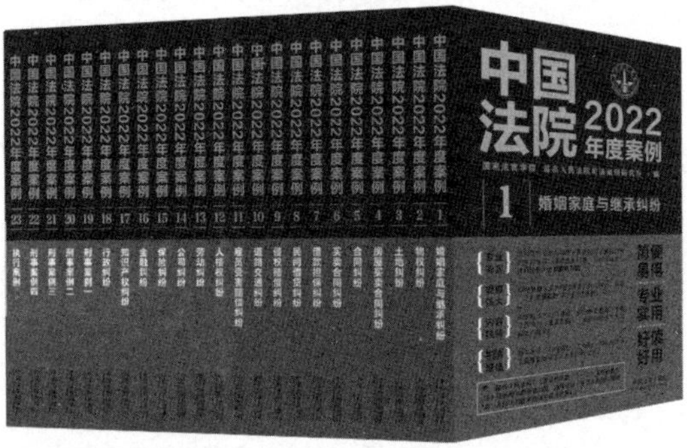

新规则案例适用系列

民法典新规则案例适用	108 元
刑法修正案（十一）新规则案例适用	78 元
知识产权新规则案例适用	即出
民法典担保制度新规则案例适用	即出

民法典时代

中华人民共和国民法典释义与案例评注：总则编	125 元
中华人民共和国民法典释义与案例评注：物权编	156 元
中华人民共和国民法典释义与案例评注：人格权编	65 元
中华人民共和国民法典释义与案例评注：婚姻家庭编	68 元
中华人民共和国民法典释义与案例评注：继承编	65 元
中华人民共和国民法典释义与案例评注：侵权责任编	108 元
中华人民共和国民法典释义与案例评注：合同编	246 元
中华人民共和国民法典总则编释义	158 元
中华人民共和国民法典合同编释义	228 元
中华人民共和国民法典人格权与侵权责任编释义	158 元
中华人民共和国民法典婚姻家庭编与继承释义	98 元
中华人民共和国民法典物权编释义	148 元

新法释义系列

中华人民共和国个人信息保护法释义	78 元
中华人民共和国数据安全法释义	58 元